Sammlung
Außerdeutscher Strafgesetzbücher

Herausgegeben
von
Professor Dr. Adolf Schönke
Institut für ausländisches und internationales Strafrecht
Universität Freiburg/Br.

LIX.

Das Griechische Strafgesetzbuch

Berlin 1953

Walter de Gruyter & Co.

vormals G. J. Göschen'sche Verlagshandlung · J. Guttentag, Verlagsbuchhandlung · Georg Reimer · Karl J. Trübner · Veit & Comp.

Das Griechische Strafgesetzbuch

vom 17. August 1950

In deutscher Übertragung
mit einer Einführung von

Dr. D. Karanikas
Professor an der Universität Thessaloniki

Gedruckt mit Unterstützung der Gesellschaft für Rechtsvergleichung

Berlin 1953

Walter de Gruyter & Co.

vormals G. J. Göschen'sche Verlagshandlung · J. Guttentag, Verlagsbuchhandlung · Georg Reimer · Karl J. Trübner · Veit & Comp.

Archiv-Nr. 246353/59
Satz und Druck: Thormann & Goetsch · Berlin SW 61

Inhaltsverzeichnis

Einleitung

Das außer Kraft getretene griechische Strafgesetzbuch von 1834, das über ein Jahrhundert in Geltung war, war durch die mehrmaligen Änderungen und Ergänzungen zu einem Mosaik geworden, so daß seine Ersetzung durch ein modernes Strafgesetzbuch eine dringende Notwendigkeit wurde.

Die in Europa seit dem schweizerischen Entwurf von 1892 und dem deutschen Vorentwurf von 1909 eingeleitete Revision der geltenden Strafgesetzbücher auf Grund der neuen, aus der Blüte der strafrechtlichen Forschung hervorgegangenen kriminalpolitischen Perspektiven, insbesondere hinsichtlich des Zweckes der Strafe, veranlaßte auch unser Land zu einem solchen Schritt.

Deshalb wurde schon im Jahre 1911 eine Kommission zur Ausarbeitung eines griechischen Strafgesetzentwurfs ernannt. Diese Kommission konnte, nach mehrmaliger Ersetzung ihrer Mitglieder, erst im Jahre 1924 den Vorentwurf zu einem griechischen Strafgesetzbuch vorlegen und im Jahre 1929 dessen Begründung veröffentlichen. Als Verfasser des Allgemeinen Teiles dieses Vorentwurfs gilt der verstorbene Professor an der Universität Athen Tim. Héliopoulos, als Verfasser des Besonderen Teils der verstorbene Präsident des Areoprags C. Panopoulos. Dieser Vorentwurf wurde der Revision durch eine Kommission unterzogen. Im Jahre 1933 wurde der Entwurf eines griechischen Strafgesetzbuchs veröffentlicht. In den folgenden Jahren wurden noch zwei weitere revidierte Entwürfe veröffentlicht, und zwar im Jahre 1935 und 1937. Schließlich wurde im Jahre 1947 eine neue Kommission zur Revision des Entwurfs 1937 ernannt, welche die seit 1939 begonnene und durch die Kriegsverhältnisse unterbrochene Revision zu Ende führte. Die Kommission hat ihre Arbeit 1948 beendet. Ihr Entwurf wurde dem Landtag vorgelegt, der ihn durch Gesetz Nr. 1492 vom 17. August 1950 einstimmig als griechisches Strafgesetzbuch angenommen hat. Das Gesetz ist am 1. Januar 1951 in Kraft getreten.

Die verschiedenen vorerwähnten Entwürfe weisen keine großen Unterschiede untereinander auf, denn sie folgen alle dem vom Vorentwurf 1924 eingeschlagenen Weg zur Bekämpfung der Kriminalität mit doppelten Waffen, d. h. nicht nur durch die Strafe, sondern auch durch Sicherungsmaßregeln. Die Strafe soll also der Idee der Generalprävention, die Sicherungsmaßregeln der Idee der Spezialprävention dienen.

Nur der letzte Entwurf, der jetzt als Strafgesetz gilt, strebte die Vereinigung und „Harmonisierung“ der beiden Prinzipien der General- und der Spezialprävention an. So bezeichnet das neue Strafgesetzbuch die Einschließung der vermindert Zurechnungsfähigen in einer Irrenheilanstalt als Strafe (Art. 38, 51) und sieht gegen den Berufs- und Gewohnheitsverbrecher die unbestimmte Zuchthausstrafe vor (Art. 90 ff.).

Diesem Streben begegnet man auch bei anderen Vorschriften des Strafgesetzbuchs: so beim Versuch in der Vorschrift des Art. 42 Abs. 2, wonach beim Versuch die für das vollendete Delikt vorgesehene Strafe auferlegt werden kann, wenn „die geminderte Strafe nicht genügt, um den Täter von weiteren strafbaren Handlungen abzuhalten"; ferner auch bei der Anwendung der Todesstrafe, wenn sie alternativ mit lebenslänglicher Zuchthausstrafe vorgesehen ist, gemäß der Vorschrift des Art. 86, wonach die Todesstrafe in einem solchen Falle anzuwenden ist, wenn „der Täter für die öffentliche Sicherheit gefährlich ist".

In der Praxis kann dieser Eklektizismus allerdings statt zur „Vereinigung" zur Vermischung und Verwirrung führen.

Trotz der theoretischen Bedenken, die man gegen die Grundlagen des neuen Strafgesetzbuchs haben kann[1]), muß man ohne weiteres zugeben, daß es dem früheren griechischen Strafgesetzbuch weitaus überlegen ist, insbesondere in der Klarheit der einzelnen Vorschriften und der begrifflichen Festsetzung der einzelnen Tatbestände im Besonderen Teil. Im Gegensatz hierzu war im früheren Strafgesetzbuch die kasuistische Methode üblich. Das neue Strafgesetzbuch kann im Vergleich zu den neuen Strafgesetzbüchern anderer Länder in Hinsicht auf die Regelung grundlegender Institutionen des Strafrechts den Vorrang beanspruchen. Zum Beweis dafür mögen einige Beispiele genügen: Die Vorschriften über das Universalitätsprinzip des internationalen Strafrechts (Art. 8), die Vorschriften über die Teilnahme, wo der akzessorische Charakter der Teilnahme ausdrücklich beseitigt ist (Art. 48), die Bestimmungen über den Notstand, nach welchen der Notstand einerseits als Rechtfertigungsgrund (Art. 25) andererseits als Schuldausschließungsgrund (Art. 32) geregelt ist, und schließlich die Vorschriften über besondere Rechtfertigungsgründe bei der Abtreibung (Art. 304 Abs. 4 und 5) und die Strafausschließungsgründe beim Ehebruch (Art. 357 Abs. 2 und 3).

Das neue griechische Strafgesetzbuch wird für die vergleichende strafrechtliche Forschung nicht ohne Bedeutung sein.

Thessaloniki, im Oktober 1952

Prof. Dr. Karanikas

---

[1]) Vgl. D. Karanikas: Le nouveau code pénal Héllenique in „Revue de science criminelle et de droit pénal comparé" 1951 S. 633 ff.

Griechisches Strafgesetzbuch

Auf Grund des Gesetzes Nr. 1492 vom 17. 8. 1950 am 1. Januar 1952 in Kraft getreten.

Erstes Buch
Allgemeiner Teil

Kapitel A

Das Strafgesetzbuch

I. Zeitliche Geltung der Strafgesetze

Artikel 1

Keine Strafe ohne Gesetz

Nur diejenigen Handlungen sind strafbar, für welche das Gesetz ausdrücklich eine Strafe bestimmte, bevor die Handlungen begangen wurden.

Artikel 2

Rückwirkende Kraft eines milderen Gesetzes

1. Wenn seit der Begehung der Tat bis zu ihrer endgültigen Aburteilung mehrere Gesetze in Kraft getreten sind, dann wird dasjenige Gesetz angewendet, das die für den Täter günstigsten Vorschriften enthält.

2. Wenn die Tat durch ein Gesetz nachträglich für straflos erklärt ist, so sind der Vollzug der auferlegten Strafe sowie deren Folgen aufzuheben.

Artikel 3

Zeitgesetze

Gesetze von temporärer Geltung sind auch dann auf die während ihrer Geltung begangenen Taten anzuwenden, wenn sie außer Kraft getreten sind; im übrigen ist die Vorschrift des Abs. 1 des vorstehenden Artikels anzuwenden.

Artikel 4

Anwendung von Sicherungsmaßregeln

1. Die in den Artikeln 69, 71, 72, 73, 74 und 76 vorgesehenen Sicherungsmaßregeln sind nach dem zur Zeit der Entscheidung geltenden Gesetz anzuwenden.

2. Im Falle des Abs. 2 des Art 2 entscheidet auf Antrag des Staatsanwalts das Gericht, das das Urteil gefällt hat, über die Beibehaltung der verhängten Sicherungsmaßregeln.

II. Räumliche Geltung der Strafgesetze

Artikel 5

Strafbare Handlungen im Ausland

1. Die griechischen Strafgesetze gelten für alle im Inlande begangene Taten, auch für solche von Ausländern.

2. Als Inland gelten griechische Schiffe und Luftfahrtzeuge, gleich wo sie sich befinden, es sei denn, daß sie nach dem internationalen Recht ausländischem Gesetz unterliegen.

Artikel 6

Strafbare Auslandstaten von Inländern

1. Die griechischen Strafgesetze gelten auch für eine Tat, die ein Verbrechen oder Vergehen ist und im Ausland von einem Inländer begangen wird, wenn sie auch nach dem Recht des Tatorts strafbar oder auf staatenlosem Gebiet begangen ist.

2. Die Strafverfolgung tritt auch gegen einen Ausländer ein, der zur Zeit der Tat Inländer war, sowie auch gegen denjenigen, der nach der Tat die griechische Staatsangehörigkeit erworben hat.

3. Auf Vergehen sind die Vorschriften der Abs. 1 und 2 nur auf Antrag des Verletzten oder der Regierung des Landes, in dem sie begangen sind, anzuwenden.

4. Im Ausland begangene Übertretungen sind nur dann zu bestrafen, wenn dies ausdrücklich im Gesetz bestimmt ist.

Artikel 7

Auslandsstraftaten von Ausländern

1. Die griechischen Strafgesetze gelten auch für Ausländer wegen einer im Ausland begangenen Tat, die ein Verbrechen oder Vergehen ist, wenn sie gegen einen Griechen gerichtet und nach dem Recht des Tatorts bestraft wird oder auf staatenlosem Gebiet begangen ist.

2. Die Vorschriften der Abs. 3 und 4 des vorstehenden Artikels sind auch hier entsprechend anzuwenden.

Artikel 8

Auslandsstraftaten, die nach griechischem Recht stets strafbar sind

Die griechischen Strafgesetze gelten für Inländer und Ausländer, unabhängig vom Recht des Tatorts, für folgende im Ausland begangene Taten:

a) Hochverrat und Landesverrat gegen den griechischen Staat;
b) strafbare Handlungen, betr. den Militärdienst und die Militärpflicht (zweites Buch Kap. H);
c) strafbare Handlungen gegen den Träger eines griechischen Amtes während der Ausübung des Amtes oder in Beziehung auf das Amt;
d) Meineid in einem bei einer griechischen Behörde anhängigen Verfahren;
e) Seeräuberei;
f) Falschmünzerei (zweites Buch Kap. I);
g) Menschen- und Frauenhandel;
h) gesetzwidriger Rauschgifthandel;
i) gesetzwidrige Verbreitung oder Handel mit unzüchtigen Schriften;
k) jede andere strafbare Handlung, für die besondere Vorschriften oder unterzeichnete und bestätigte internationale Verträge die Anwendung der griechischen Strafgesetze vorsehen.

Artikel 9
Nichtverfolgung von Auslandsstraftaten

1. Die Verfolgung einer im Ausland begangenen Tat ist ausgeschlossen,

a) wenn der Täter im Ausland freigesprochen ist oder die ihm auferlegte Strafe ganz verbüßt hat;

b) wenn nach ausländischem Recht die Strafverfolgung oder die Strafvollstreckung verjährt oder der Täter begnadigt ist;

c) wenn nach ausändischem Recht die Tat nur auf Antrag verfolgt wird und ein solcher nicht gestellt oder zurückgenommen wurde.

2. Diese Vorschriften finden auf die in Artikel 8 bestimmten Taten keine Anwendung.

Artikel 10
Anrechnung ausländischen Strafvollzugs

Die im Ausland ganz oder teilweise vollstreckte Strafe ist, soweit eine Verurteilung für dieselbe Tat im Inland stattgefunden hat, auf die vom Gericht erkannte Strafe anzurechnen.

Artikel 11
Anerkennung ausländischer Strafurteile

1. Wenn ein Grieche im Ausland wegen einer Tat verurteilt ist, die nach griechischem Recht Nebenstrafen nach sich zieht, so kann das zuständige Gericht ihm diese auferlegen.

2. Das zuständige Gericht kann auch auf den im Ausland Freigesprochenen oder Verurteilten die im griechischen Gesetze vorgesehenen Sicherungsmaßregeln anwenden.

III. Verhältnis des Strafgesetzbuchs zu speziellen Strafgesetzen und zum Sprachgebrauch

Artikel 12
Spezielle Strafgesetze

Die Vorschriften des Allgemeinen Teils dieses Strafgesetzbuches sind auch auf strafbare Handlungen anzuwenden, die in speziellen Gesetzen vorgesehen sind, soweit diese Gesetze nicht ausdrücklich ein anderes anordnen.

Artikel 13
Sprachgebrauch

Im Sinne dieses Gesetzbuches ist:

a) Beamter: jeder, dem dauernd oder vorläufig die Ausübung eines öffentlichen Amtes vom Staat, einer Stadt, einer Gemeinde oder einer juristischen Person des öffentlichen Rechts anvertraut ist;

b) Angehöriger: jeder Verwandte oder Verschwägerte gerader Linie, Adoptiveltern und Adoptivkinder, Verlobte, Geschwister und deren Ehegatten und Verlobte, sowie Vormünder oder Pfleger des Täters und die unter seiner Vormundschaft oder Pflegschaft stehenden Personen;

c) Urkunde: jedes Schreiben, das dazu bestimmt oder geeignet ist, eine Tatsache, die rechtlich von Bedeutung ist, zu beweisen, und jedes Zeichen, das dazu bestimmt ist, eine solche Tatsache zu beweisen;
d) körperliche Gewalt: auch die Herbeiführung eines bewußtlosen oder widerstandsunfähigen Zustandes durch hypnotische, betäubende und ähnliche Mittel;
e) Wehrmacht: die Streitkräfte zu Lande, zu Wasser und in der Luft.

Kapitel B

Die strafbare Handlung

I. Allgemeine Vorschriften

Artikel 14

Begriff der strafbaren Handlung

1. Verbrechen (Straftat) ist rechtswidrige, schuldhafte und vom Gesetz für strafbar erklärte Handlung.

2. Der Begriff Handlung in den Strafgesetzen umfaßt auch die Unterlassung.

Artikel 15

Unechtes Unterlassungsdelikt

Wo das Gesetz zur Begründung einer strafbaren Handlung einen bestimmten Erfolg erfordert, wird die Nichtverhinderung des Erfolgs der Verursachung gleichgestellt, wenn der Schuldige der besonderen rechtlichen Pflicht unterlag, diesen Erfolg zu verhindern.

Artikel 16

Begehungsort der Tat

Als Begehungsort der Tat wird der Ort angesehen, an dem der Täter ganz oder zum Teil das strafbare Tun oder Unterlassen eingesetzt hat, sowie der Ort, an dem der Erfolg eingetreten ist oder, im Falle des Versuchs, nach dem Vorsatz des Täters eintreten sollte.

Artikel 17

Begehungszeit der Tat

Als Begehungszeit der Tat wird der Zeitpunkt angesehen, in dem der Täter gehandelt hat oder hätte handeln müssen, ohne Rücksicht, wann der Erfolg eingetreten ist.

Artikel 18

Einteilung der strafbaren Handlungen

Verbrechen ist jede Handlung, die mit Todesstrafe oder mit Zuchthaus bedroht ist.

Vergehen ist jede Handlung, die mit Gefängnis oder mit Geldstrafe oder mit Einschließung in einer Strafanstalt für Jugendliche bedroht ist.

Übertretung ist jede Handlung, die mit Haft oder mit geringerer Geldstrafe bedroht ist.

Artikel 19

Strafrechtlicher Charakter der abgeurteilten Tat

Ob eine abgeurteilte Tat ein Verbrechen oder ein Vergehen ist, richtet sich nach der im Gesetz vorgesehenen schwereren Strafe und nicht nach der vom Richter wegen mildernder Umstände (Art. 84) oder wegen anderer Strafherabsetzungsgründe nach Art. 83 evtl. erkannten milderen Strafe. Dasselbe gilt auch im Falle ihrer Verurteilung zur Einschließung in einer Irren-Heilanstalt gem. Art. 38.

II. Die Rechtswidrigkeit der Tat

Artikel 20

Gründe, die die Rechtswidrigkeit der Tat ausschließen

Außer den in diesem Gesetzbuch behandelten Fällen (Art. 21, 22, 25, 304 Abs. 4 und 5, 308 Abs. 2, 367, 371 Abs. 4) ist die Rechtswidrigkeit der Tat ausgeschlossen, wenn sie in Ausübung eines Rechts oder in Erfüllung einer vom Gesetz auferlegten Pflicht erfolgt.

Artikel 21

Der Befehl

Die Tat, die jemand ausführt, um den ihm von der zuständigen Behörde in der gesetzlich vorgeschriebenen Form erteilten Befehl zu erfüllen, ist nicht rechtswidrig, wenn das Gesetz ihm nicht erlaubt, die Rechtmäßigkeit des Befehls zu prüfen. In diesem Falle ist der Befehlende als unmittelbarer Täter zu bestrafen.

Artikel 22

Notwehr

1. Die in Notwehr begangene Tat ist nicht rechtswidrig.

2. Notwehr ist diejenige Verletzung des Angreifers, die notwendig ist, um einen rechtswidrigen und gegenwärtigen Angriff von sich oder einem anderen abzuwehren.

3. Das Maß der Notwendigkeit der Notwehr beurteilt sich nach dem Grade der Gefährlichkeit des Angriffs, nach der Art des drohenden Schadens, nach der Art und Intensität des Angriffs und den übrigen Umständen.

Artikel 23

Überschreitung der Notwehr

Wer die Grenzen der Notwehr überschreitet, wird im Falle der vorsätzlichen Überschreitung mit geminderter Strafe (Art. 83) und im Falle der fahrlässigen Überschreitung nach den Vorschriften über die Fahrlässigkeit bestraft. Er wird jedoch nicht bestraft, d. h. die Überschreitung wird ihm nicht zugerechnet, wenn er in durch den Angriff hervorgerufener Furcht oder Bestürzung gehandelt hat.

Artikel 24

Verschuldete Notwehrlage

Wer den Angriff eines anderen vorsätzlich hervorruft, um gegen denselben unter dem Vorwande der Notwehr eine strafbare Handlung zu verüben, wird nicht von der im Gesetz vorgesehenen Strafe befreit.

Artikel 25

Notstand als Rechtfertigungsgrund

1. Die Tat, die jemand begeht, um eine unverschuldete gegenwärtige und auf andere Weise nicht abwendbare Gefahr für die eigene oder eine andere Person oder das Vermögen abzuwenden, ist nicht rechtswidrig, wenn der verursachte Schaden erheblich geringer ist als der drohende.

2. Diese Vorschrift findet keine Anwendung auf denjenigen, welcher die Pflicht hat, sich der drohenden Gefahr auszusetzen.

3. Die Vorschrift des Art. 23 wird auch hier entsprechend angewendet.

III. Die Zurechnung der Tat

Artikel 26

Schuld

1. Die Verbrechen und Vergehen sind strafbar, wenn sie vorsätzlich begangen sind. Fahrlässig begangene Vergehen sind ausnahmsweise und in den gesetzlich bestimmten Fällen zu bestrafen.

2. Die Übertretungen sind immer strafbar, auch wenn sie fahrlässig begangen werden, ausgenommen in dem Falle, in dem das Gesetz Vorsatz erfordert.

Artikel 27

Vorsatz

1. Vorsätzlich (aus Vorhaben) handelt, wer mit Willen die Tatumstände, die nach dem Gesetz den Begriff einer strafbaren Handlung bilden, verwirklicht, oder wer die Verwirklichung derselben durch seine Handlung für möglich erkennt und im Falle der Verwirklichung mit ihr einverstanden ist.

2. Wo das Gesetz das Wissen eines Tatumstandes erfordert, genügt bedingter Vorsatz nicht. Wo das Gesetz die Herbeiführung der Tat zum Zwecke der Erreichung eines bestimmten Erfolgs verlangt, muß der Täter die Verwirklichung dieses Erfolgs beabsichtigen.

Artikel 28

Fahrlässigkeit

Fahrlässig handelt, wer die Sorgfalt außer acht läßt, zu der nach den Umständen verpflichtet war und sie hätte aufwenden können und deshalb den durch die Tat herbeigeführten Erfolg nicht vorausgesehen hat oder ihn zwar als möglich voraussieht, aber darauf vertraut, daß er nicht eintreten werde.

Artikel 29

Erfolgshaftung

Wo das Gesetz für eine Tat, durch die eine bestimmte Folge herbeigeführt wird, eine schwerere Strafe vorsieht, wird die Strafe verhängt, wenn diese Folge auf Fahrlässigkeit des Täters beruht.

Artikel 30

Tatirrtum

1. Die Tat wird dem Täter nicht zugerechnet, wenn er sich zur Zeit ihrer Ausführung in Unkenntnis der Tatbestandsumstände befand; beruht

jedoch die Unkenntnis der Tatumstände auf Fahrlässigkeit des Täters, so wird ihm die Tat als fahrlässiges Verbrechen zugerechnet.

2. Die strafschärfenden Tatumstände werden dem Täter gleichfalls nicht zugerechnet, wenn er sie nicht kannte.

Artikel 31

Rechtsirrtum

1. Die Unkenntnis der Strafbarkeit der Tat allein ist nicht genügend, um die Zurechnung der Tat auszuschließen.

2. Die Tat wird jedoch dem Täter nicht zugerechnet, wenn er irrtümlich geglaubt hat, daß er berechtigt sei, die Tat auszuführen, und wenn dieser Irrtum erheblich ist.

Artikel 32

Notstand als Schuldausschließungsgrund

1. Die Tat wird dem Täter nicht zugerechnet, wenn er sie begeht, um eine unverschuldete gegenwärtige und auf andere Weise nicht abwendbare Gefahr für die eigene Person oder das Vermögen oder seine Verwandten gerader Linie, Geschwister und Ehegatten abzuwehren, wenn der verursachte Schaden nach Art und Wert dem drohenden entspricht.

2. Die Vorschriften der Abs. 2 und 3 des Art. 25 sind entsprechend anzuwenden.

Artikel 33

Taubstumme Verbrecher

1. Die von einem Taubstummen begangene Tat wird diesem nicht zugerechnet, wenn er nicht die erforderliche geistige Fähigkeit besitzt, das Unrecht seiner Tat einzusehen oder dieser Einsicht gemäß zu handeln.

2. Im Falle der Nichtanwendung dieser Vorschrift wird der Taubstumme milder bestraft (Art. 83).

Artikel 34

Störung der Geistestätigkeit und des Bewußtseins

Die Tat ist dem Täter nicht zuzurechnen, wenn er zur Zeit der Ausführung wegen krankhafter Störung der Geistestätigkeit oder des Bewußtseins unfähig ist, das Unrecht der Tat einzusehen oder dieser Einsicht gemäß zu handeln.

Artikel 35

Verschuldete Störung des Bewußtseins

1. Die Tat ist als vorsätzliche Handlung anzusehen, wenn der Täter den Entschluß in einem normalen psychischen Zustand gefaßt hat, zu ihrer Ausführung aber sich in einen Zustand der Bewußtseinsstörung versetzt hat.

2. Wenn die in diesem Zustande begangene Tat eine andere als die vorgefaßte ist, so wird der Täter milder bestraft.

IV. Vermindert zurechnungsfähige Verbrecher

Artikel 36

Verminderte Zurechnungsfähigkeit

1. Wenn wegen eines in Art. 34 erwähnten psychischen Zustandes die nach demselben Artikel erforderliche Zurechnungsfähigkeit

nicht ganz ausgeschlossen, jedoch bedeutend vermindert ist, so wird auf gemilderte Strafe erkannt (Art. 83).

2. Dies gilt nicht für verschuldete Trunkenheit.

Artikel 37

Vollzug der Strafe in besonderen Anstalten

Wenn der in Art. 36 angeführte Zustand der verminderten Zurechnungsfähigkeit eine besondere Behandlung oder Pflege des Täters erfordert, so ist die erkannte Freiheitsstrafe in besonderen Irrenheilanstalten oder in besonderen Annexgebäuden der Gefängnisse zu vollziehen.

Artikel 38

Vermindert zurechnungsfähige gefährliche Verbrecher

1. Wenn der nach Art. 36 verminderte Zurechnungsfähige oder der Taubstumme (Art. 33 Abs. 2) für die öffentliche Sicherheit gefährlich ist und die von ihm begangene Tat ein Verbrechen oder ein mit mindestens 6 Monaten Freiheitsstrafe bedrohtes Vergehen darstellt, so verurteilt das Gericht zu Einschließung in einer in Art. 37 erwähnten Irrenheilanstalt oder in einem Annexgebäude des Gefängnisses.

2. Im Urteil wird nur die Mindestdauer der Einschließung bestimmt, mindestens jedoch die Hälfte der für die Tat nach Art. 36 Abs. 1 vorgesehenen Höchststrafe.

3. In demselben Urteil bestimmt das Gericht die im Falle der Anwendung des Art. 40 als Ersatz der Einschießung zu vollziehende Gefängnis- oder Zuchthausstrafe innerhab des für die Tat vorgesehenen Strafrahmens ohne Herabminderung nach den Vorschriften des Art. 36. Die auszusprechende Strafe darf nicht geringer als die Hälfte der im Gesetz für die Tat angedrohte Höchststrafe sein. Ist die im Gesetz vorgesehene Strafe eine Todes- oder lebenslängliche Zuchthausstrafe, so wird die zu vollziehende Strafe auf 20 Jahre Zuchthaus festgesetzt.

Artikel 39

Dauer der Einschließung in Irrenheilanstalten

1. Nach Ablauf der gem. Art. 38 Abs. 2 bestimmten Mindestdauer der Einschließung und weiterhin alle zwei Jahre wird auf Antrag des Gefangenen oder von Amtswegen entschieden, ob er freigelassen werden kann. Hierüber entscheidet nach Einholung eines Sachverständigengutachtens das Schöffengericht, an dessen Sitz die Strafe vollzogen wird.

2. Es wird immer auf bedingten Erlaß erkannt, der unter den in Art. 107 bestimmten Bedingungen zu widerrufen ist. Der Erlaß wird endgültig, wenn er innerhalb fünf Jahre nicht widerrufen wird (Art. 109).

3. In jedem Fall darf die Einschießung nicht nach dem Ablauf der im Urteil festgesetzten Mindestdauer länger als 10 Jahre für Vergehen und 15 Jahre für Verbrechen dauern.

Artikel 40

Umwandlung der Einschließung in Gefängnis oder Zuchthaus

Das in vorstehendem Artikel bestimmte Gericht kann zu jeder Zeit auf Antrag des Staatsanwalts und nach Einholung eines Sachverständigengutachtens die Umwandlung der Einschließung in die nach Abs. 3 des Art. 38 festgesetzte Gefängnis- oder Zuchthausstrafe anordnen, wenn das

Verbleiben des Verurteilten in der Irrenheilanstalt oder in den Annexgebäuden des Gefängnisses nicht mehr nötig ist. In diesem Falle wird die Zeit, die der Gefangene in der Irrenheilanstalt oder in den Gefängnisannexen verbracht hat, auf die erkannte Strafe angerechnet.

Artikel 41

Vermindert zurechnungsfähige Gewohnheitsverbrecher

1. Wird der gem. Art. 90 und 92 als Gewohnheits- oder Berufsverbrecher Verurteilte gem. Art. 38 in eine Irrenheilanstalt eingewiesen, so ist die Mindestdauer der Einschließung innerhalb des von Art. 89 bestimmten Rahmens festzusetzen, ohne Herabminderung nach Art. 36 Abs. 1; die Höchstdauer der Einschließung wird nach den Vorschriften des Art. 91 festgesetzt. Wenn die für die begangene Tat angedrohte Strafe Todesstrafe oder lebenslängliches Zuchthaus ist, so wird auf lebenslängliches Zuchthaus erkannt.

Kapitel C

Versuch und Teilnahme

I. Versuch

Artikel 42

Begriff und Bestrafung des Versuchs

1. Wer den Entschluß, ein Verbrechen oder Vergehen zu verüben, durch eine Handlung betätigt, die den Anfang der Ausführung bildet, ist, wenn das Verbrechen oder das Vergehen nicht vollendet wird, mit geminderter Strafe zu bestrafen (Art. 83).

2. Wenn das Gericht der Ansicht ist, daß die nach vorstehender Bestimmung geminderte Strafe nicht genügt, um den Täter von weiteren strafbaren Handlungen abzuhalten, so kann es auch auf die für die vollendete Tat vorgesehene Strafe, ausgenommen die Todesstrafe, erkennen.

3. Der Versuch eines Vergehens, das im Gesetz mit nicht mehr als 3 Monaten Gefängnis bedroht ist, kann straflos bleiben.

Artikel 43

Untauglicher Versuch

1. Wer ein Verbrechen oder Vergehen mit einem Mittel oder an einem Gegenstand zu begehen versucht, die ihre Ausführung absolut unmöglich machen, wird mit der auf die Hälfte ermäßigten Strafe des Art. 83 bestraft.

2. Wer aus Dummheit einen solchen untauglichen Versuch begeht, ist straffrei.

Artikel 44

Rücktritt

1. Der Versuch bleibt straflos, wenn der Täter, obwohl er die Ausführung eines Verbrechens oder eines Vergehens begonnen hat, aus freien Stücken und nicht wegen äußerer Hindernisse die Ausführung aufgegeben hat.

2. Wenn der Täter, obwohl sein Tun beendet ist, die zur Vollendung des Verbrechens oder Vergehens notwendige Folge aus freien Stücken abwendet, so wird er mit der auf die Hälfte geminderten Strafe des Art. 83 bestraft. Das Gericht kann jedoch unter Berücksichtigung aller Umstände den Versuch für straflos erklären.

II. Teilnahme

Artikel 45
Mittäter

Wenn mehrere eine strafbare Handlung gemeinschaftlich ausführen, so wird jeder von ihnen als Täter bestraft.

Artikel 46
Anstifter und unmittelbarer Gehilfe

1. Mit der Strafe des Täters wird bestraft:

a) wer einen anderen zu der von demselben begangenen strafbaren Handlung vorsätzlich veranlaßt hat;

b) wer vorsätzlich dem Täter während der Ausführung der Haupttat unmittelbar Hilfe geleistet hat.

2. Wer vorsätzlich jemanden veranlaßt, eine strafbare Handlung zu begehen zu dem einzigen Zwecke, ihn beim Versuch oder bei Vorbereitungshandlungen zu ertappen, und mit dem Willen, ihn nicht zur Vollendung kommen zu lassen, wird mit der auf die Hälfte ermäßigten Strafe des Täters bestraft.

Artikel 47
Einfacher Gehilfe

1. Wer, ausgenommen im Falle des Abs. 1 Ziff. b des vorstehenden Artikels, vorsätzlich einem anderen irgendwelche Hilfe vor der Tat oder während der Ausführung der Tat leistet, wird als Gehilfe mit geminderter Strafe bestraft (Art. 83).

2. Die Vorschrift des Abs. 2 Art. 42 wird hier entsprechend angewendet.

3. Die Beihilfe zu Übertretungen wird nur in den im Gesetz ausdrücklich bestimmten Fällen bestraft.

Artikel 48
Allgemeine Vorschriften

Die Strafbarkeit der Teilnehmer gem. Art. 46 und 47 ist unabhängig von der Strafbarkeit dessen, der die Tat ausführt.

Artikel 49
Besondere Eigenschaften oder Verhältnisse

1. Wo das Gesetz für die Strafbarkeit einer Handlung besondere Eigenschaften oder Verhältnisse fordert, können, wenn diese beim Täter vorliegen, die in Art. 46 Abs. 1 genannten Teilnehmer milder bestraft werden (Art. 83); wenn diese jedoch nur bei den in Art. 46 Abs. 1 und 47 bestimmten Teilnehmern vorliegen, so werden diese Teilnehmer als Täter und der Täter als Gehilfe bestraft.

2. Besondere Eigenschaften oder Verhältnisse oder andere Umstände, welche die Strafe schärfen, mildern oder ausschließen, gelten nur für diejenigen Teilnehmer, bei denen sie vorliegen.

Kapitel D

Strafen, Sicherungsmaßregeln, Schadensersatz

I. Hauptstrafen

Artikel 50

Todesstrafe

Die Todesstrafe wird nur in Anwesenheit der Beamten der Vollstreckungsbehörde vollstreckt.

Artikel 51

Freiheitsstrafen

1. Freiheitsstrafen sind: Zuchthaus, Gefängnis, Einschließung in einer Jugendstrafanstalt, Einschließung in einer Irrenanstalt und Haft.

2. Bei den zeitigen Freiheitsstrafen wird der Tag zu 24 Stunden, die Woche zu sieben Tagen, der Monat und das Jahr nach Kalenderzeit gerechnet.

3. Die Dauer der Freiheitsstrafen darf nur nach vollen Tagen, Wochen, Monaten und Jahren bemessen werden.

Artikel 52

Zuchthaus

1. Die Zuchthausstrafe ist lebenslänglich und zeitig; sie wird vollzogen in Anstalten und Anstaltsannexen, die nur für sie bestimmt sind.

2. Wenn das Gesetz nicht ausdrücklich die lebenslängliche Zuchthausstrafe bestimmt, so ist sie zeitig.

3. Die Dauer der zeitigen Zuchthausstrafe beträgt höchstens 20 und mindestens 5 Jahre, vorbehaltlich der Bestimmungen des Art. 91 über die unbestimmte Zuchthausstrafe.

Artikel 53

Gefängnis

Die Dauer der Gefängnisstrafe beträgt höchstens fünf Jahre und mindestens zehn Tage.

Artikel 54

Einschließung in einer Jugendstrafanstalt

Die Dauer der Einschließung der Jugendlichen in einer Jugendstrafanstalt (Art. 127) beträgt mindestens 5 Jahre und höchstens 20 Jahre, wenn die begangene Tat im Gesetz mit Todesstrafe oder mit einer Freiheitsstrafe über 10 Jahre bedroht ist, in jedem anderen Falle mindestens 6 Monate und höchstens 10 Jahre.

Artikel 55

Haft

Die Dauer der Haftstrafe beträgt, wenn das Gesetz nicht ein anderes ausdrücklich bestimmt, höchstens einen Monat und mindestens einen Tag. Sie wird in besonderen Abteilungen der Gefängnisse oder bei Mangel an diesen in Polizeigefängnissen vollzogen.

Artikel 56

Vollzug der Strafen und Sicherungsmaßregeln

Der Vollzug der in Art. 38 und Art. 51—55 enthaltenen Strafen, sowie der in Art. 69—72 aufgeführten Sicherungsmaßregeln wird durch spezielle Gesetze geregelt.

Artikel 57

Geldstrafe

1. Wenn das Gesetz in besonderen Vorschriften nichts anderes bestimmt, beträgt die Geldstrafe mindestens 2000 und höchstens 500 000 Drachmen; die Geldstrafe bei Übertretungen beträgt mindestens 100 und höchstens 10 000 Drachmen.

2. Die im Gesetz bestimmten Geldstrafen sind als metallische Drachmen zu verstehen[1]).

3. Die Vollstreckung der Geldstrafe wird durch ein besonderes Gesetz geregelt.

Artikel 58

Tilgung der Geldstrafen

Geldstrafen im allgemeinen und die Geldstrafen bei Übertretungen gelten durch den Tod des Verurteilten als getilgt. Auf keinen Fall dürfen sie aus dem Nachlaß beigetrieben werden.

II. Nebenstrafen

Artikel 59

Obligatorischer Verlust der bürgerlichen Ehrenrechte

1. Die Verurteilung zu Todesstrafe oder zu lebenslänglichem Zuchthaus hat den obligatorischen und dauernden Verlust der bürgerlichen Ehrenrechte zur Folge.

2. Die Verurteilung zu unbestimmter Zuchthausstrafe nach den Art. 90 ff. hat den obligatorischen Verlust der bürgerlichen Ehrenrechte für die Dauer von 10 Jahren zur Folge.

Artikel 60

Verlust bei Verurteilung zu zeitigem Zuchthaus

Bei der Verurteilung zu zeitigem Zuchthaus wird auf zeitigen Verlust der bürgerlichen Ehrenrechte für die Dauer von 2—10 Jahren erkannt.

Artikel 61

Verlust bei Verurteilung zu Gefängnis

Bei der Verurteilung zu Gefängnis wird, außer in den durch besondere gesetzliche Vorschriften ausgeschlossenen Fällen, auf Verlust der bürgerlichen Ehrenrechte für die Dauer von 1 bis zu 5 Jahren erkannt, wenn die verhängte Strafe mindestens 1 Jahr beträgt und wenn sich aus den Beweggründen, der Art und Weise der Tatbegehung und aus den anderen Umständen ergibt, daß die begangene Tat ein sittliches Verderbnis des Charakters des Täters offenbart.

---

1) Als Drachmen sind hier metallische Drachmen gemeint. Durch VO. v. 27. 12. 1950 ist eine metallische Drachme = 100 Papierdrachmen.

Artikel 62

Verlust bei Verurteilung zur Einschließung in einer Irrenanstalt

Bei der Verurteilung zur Einschließung in einer Heilanstalt nach Art. 38 gelten, wenn die begangene Tat ein Verbrechen ist, die Vorschriften des Art. 60, wenn sie jedoch ein Vergehen ist, die Vorschriften der Art. 61 und 64.

Artikel 63

Folgen des Verlustes

Der Verlust der bürgerlichen Ehrenrechte hat zur Folge:

1. den dauernden Verlust der aus öffentlichen Wahlen für den Verurteilten hervorgegangenen öffentlichen, städtischen oder kommunalen Ämter, der von ihm innegehabten öffentlichen städtischen oder kommunalen Ämter, aller militärischen Grade, der Eigenschaft, Rechtsanwalt zu sein, sowie aller Ehrenämter und Ehrenzeichen;
2. die Unfähigkeit zu deren Erwerb, welche im Falle des Abs. 1 des Art. 59 eine dauernde ist, und im Falle des Abs. 2 des Art. 59 und der Art. 60, 61, 62 eine vom Gesetz oder durch Urteil bestimmte zeitige;
3. die Unfähigkeit, gem. der Bestimmung der vorstehenden Ziff. 2:
   a) in öffentlichen, städtischen oder kommunalen Wahlen zu stimmen oder gewählt zu werden,
   b) Mitglied (Geschworener) des Schwurgerichts zu sein und von öffentlichen Behörden zum Sachverständigen ernannt zu werden.

Artikel 64

Teilweiser Verlust bei Gefängnisstrafen

Das Gericht kann bei Verurteilung zu Gefängnis unter den Voraussetzungen des Art. 61 auf teilweisen Verlust der im Art. 63 erwähnten Rechte erkennen, wenn nach der Art der Tat und den anderen Umständen eine Gefahr des Mißbrauchs dieser Rechte ausgeschlossen ist.

Artikel 65

Berechnung der Zeit des Verlustes

1. Die Folge des völligen oder teilweisen Verlustes der bürgerlichen Ehrenrechte tritt ein, sobald das Urteil rechtskräftig geworden ist. Die Dauer wird von dem auf den Vollzug, die Verjährung oder die Begnadigung der auferlegten Freiheitsstrafe nachfolgenden Tage ab berechnet.

2. Im Falle des Art. 105 Abs. 1 und 2 wird die Dauer von dem auf die vorläufige Entlassung aus dem Gefängnis folgenden Tage und in den Fällen der Art. 71 und 72 von dem auf die Entlassung aus der betreffenden Anstalt nachfolgenden Tage ab berechnet.

Artikel 66

Wiederverleihung

1. Dem Verurteilten können die nach den Art. 59—65 verlorengegangenen bürgerlichen Ehrenrechte auf sein Ersuchen durch das Gericht wiederverliehen werden:

nach 5 Jahren bei Verurteilung zu Zuchthaus oder Todesstrafe, die gnadenweise in Freiheitsstrafe umgewandelt worden ist;

nach 3 Jahren bei Verurteilung zu Gefängnis, deren Ablauf nach dem Vollzug oder dem gnadenweise Erlasse oder der Verjährung der Strafe beginnt und im Falle der Art. 71 und 72 nach dem Vollzug der Sicherungsmaßregel, wenn festgestellt wird, daß der Täter während dieser Zeit sich gut führte und den verursachten, gerichtlich festgesetzten Schaden, soweit es ihm möglich war, wiedergutgemacht hat. Wenn auf Verlust der bürgerlichen Ehrenrechte auf Grund des Art. 11 Abs. 1 nach dem Vollzug oder dem gnadenweise Erlasse oder der Verjährung der Strafe erkannt ist, kann die Wiederverleihung nach 3 Jahren seit dem Tage, an dem das den Verlust aussprechende Urteil des Schöffengerichts rechtskräftig geworden ist, erfolgen.

2. Bei der Verurteilung zur Einschließung in einer Irrenanstalt kann die Wiederverleihung nach Abs. 1 nach 5 Jahren erfolgen, wenn die Tat ein Verbrechen, und nach 3 Jahren, wenn die Tat ein Vergehen ist.

3. Wird dem Antrag auf Wiederverleihung nicht stattgegeben, so kann er nach Ablauf von 2 Jahren nicht wiederholt werden.

4. Das Verfahren der Wiederverleihung ist im Strafprozeßgesetzbuch geregelt.

Artikel 67

Verbot der Berufsausübung

1. Wenn ein Verbrechen oder Vergehen durch eine schwere Pflichtwidrigkeit in einem Berufe, zu dessen Ausübung eine besondere behördliche Bewilligung erforderlich ist, begangen wird, so kann das Gericht, sobald der Täter zu einer 3 Monate übersteigenden Freiheitsstrafe verurteilt ist, auf Unfähigkeit zur Ausübung des Berufes für die Dauer von 1 bis zu 5 Jahren erkennen.

2. Die Vorschrift des Art. 65 wird entsprechend angewendet.

Artikel 68

Urteilsbekanntmachung

1. Das Gericht kann die öffentliche Bekanntmachung des Urteils auf Kosten des Verurteilten anordnen, wenn das öffentliche Interesse es erfordert.

2. In besonderen, vom Gesetz bestimmten Fällen kann die öffentliche Bekanntmachung auf Ersuchen des Verletzten oder des freigesprochenen Angeschuldigten angeordnet werden, wenn das Gericht der Auffassung ist, daß ein rechtliches Interesse des Ersuchenden vorliegt.

3. Die Art der Veröffentlichung und die Zahlung der Kosten wird vom Gericht in derselben Entscheidung festgesetzt.

III. Sicherungsmaßregeln

Artikel 69

Verwahrung nichtzurechnungsfähiger Verbrecher

Wird jemand als Nichtzurechnungsfähiger oder als Taubstummer (Art. 33 Abs. 1) wegen eines Verbrechens oder Vergehens, das im Gesetz mit einer mehr als sechsmonatigen Gefängnisstrafe bedroht ist, freigesprochen oder außer Verfolgung gesetzt, so ordnet das Gericht seine Verwahrung in einer öffentlichen Heilanstalt an, wenn er für die öffentliche Sicherheit gefährlich ist.

Artikel 70

Dauer der Verwahrung

1. Die Vollstreckung der Verwahrungsanordnung bewirkt die Staatsanwaltschaft.

2. Die Verwahrung dauert so lange, wie die öffentliche Sicherheit es erfordert.

3. Alle 3 Jahre entscheidet das Schöffengericht, in dessen Bezirk die Verwahrung erfolgt, ob sie noch fortdauern soll. Dasselbe Gericht kann jedoch jederzeit auf Antrag des Staatsanwalts oder der Anstaltsleitung die Entlassung aus der Anstalt anordnen.

Artikel 71

Unterbringung in einer Trinker-Heilanstalt oder in einer Entziehungsanstalt

1. Wird jemand wegen eines Verbrechens oder Vergehens, für das im Gesetz eine mehr als sechsmonatige Gefängnisstrafe angedroht ist, und das in Verbindung mit dem Mißbrauch alkoholischer Getränke oder anderer berauschender Mittel steht, oder wegen schuldhafter Volltrunkenheit (Art. 193) verurteilt, so kann das Gericht anordnen, daß der Täter in einer Heilanstalt untergebracht wird, wenn es sich bei ihm um eine Person handelt, die gewohnheitsmäßig Mißbrauch von Alkohol oder anderen berauschenden Mitteln macht.

2. Die Unterbringung in einer Heilanstalt erfolgt nach dem Vollzug der Strafe und dauert so lange, wie ihr Zweck es erfordert, jedoch niemals länger als zwei Jahre. Das Schöffengericht, in dessen Bezirk sich die Anstalt befindet, kann jedoch auf Antrag der Anstaltsleitung die Entlassung vor Ablauf von 2 Jahren anordnen.

Artikel 72

Unterbringung in einem Arbeitshaus

1. Wenn eine Straftat, wegen der jemand für schuldig erklärt und mit Gefängnis bestraft ist, auf der Arbeitsscheu oder der Liederlichkeit beruht, so kann das Gericht in den im Gesetz ausdrücklich erwähnten Fällen außer der verhängten Strafe auch die Unterbringung in einem Arbeitshaus anordnen.

2. Die Unterbringung erfolgt nach dem Vollzug der Strafe. Die Dauer der Unterbringung kann mindestens 1 Jahr und darf höchstens 5 Jahre betragen.

3. Nach Ablauf der Mindestdauer und dann fortlaufend in jedem Jahr kann das Schöffengericht, in dessen Bezirk das Arbeitshaus sich befindet, auf Antrag der Staatsanwaltschaft oder der Anstaltsleitung die Entlassung des Gefangenen anordnen.

4. Wenn der Verurteilte rückfällig ist, so wird die Unterbringung in einem Arbeitshaus obligatorisch angeordnet.

Artikel 73

Aufenthaltsverbot

Wenn das Gericht wegen der Art der begangenen Tat, der Person des Verurteilten oder der anderen Umstände der Auffassung ist, daß der Aufenthalt des Täters an bestimmten Orten eine Gefahr für die öffentliche Sicherheit bildet, so kann es, wenn die verhängte Strafe Zuchthaus oder Gefängnis ist, bei diesem nur in den ausdrücklich im Gesetz festgesetzten Fällen, die Orte bestimmen, in welchen die Polizeibehörde nach Abs. 2 den Aufenthalt für die Dauer von höchstens 5 Jahren verbieten kann. Das Aufenhaltsverbot beginnt mit dem Tage der Vollstreckung oder Verjährung der Strafe oder der Begnadigung.

2. Die Polizeibehörde erhält auf Grund dieses Urteils das Recht, nach dem Gutachten der Gefängnisleitung den Aufenthalt des Verurteilten an allen im Urteil festgesetzten Orten oder nur an einzelnen Orten während der im Urteil bestimmten Dauer zu verbieten.

Artikel 74

Verweisung von Ausländern

1. Wird ein Ausländer zu Zuchthaus oder zu Gefängnis von mindestens 1 Jahr verurteilt, so kann das Gericht die Landesverweisung nach dem völligen Vollzug der Strafe anordnen.

2. Das Gericht kann auch die Verweisung des Ausländers anordnen, gegen den eine Sicherungsmaßregel nach Art. 69, 71 und 72 angeordnet ist. In diesem Falle kann die Verweisung an Stelle dieser Maßregel angeordnet werden.

3. Die auf diese Weise des Landes verwiesenen Ausländer können wieder nach Ablauf von drei Jahren seit der Verweisung ins Land zurückkehren, wenn der Justizminister die Rückkehr erlaubt.

Artikel 75

Verjährung von Sicherungsmaßregeln

1. Wenn das auf eine Sicherungsmaßregel gem. Art. 69, 71, 72 und 74 erkennende Urteil rechtskräftig geworden und 3 Jahre lang nicht vollzogen ist, so kann es nicht mehr vollstreckt werden, es sei denn, daß das Gericht ein anderes anordnet.

2. Die Vollstreckung der Sicherungsmaßregel nach vorstehendem Absatz kann das Gericht anordnen, wenn der Zweck der Maßregel deren Vollstreckung erfordert.

3. In die dreijährige Frist wird die Zeit nicht einberechnet, in welcher derjenige, gegen den eine Sicherungsmaßregel angeordnet ist, eine Freiheitsstrafe oder eine Sicherungsmaßregel verbüßt.

Artikel 76

Einziehung

1. Sachen, die durch ein Verbrechen oder ein vorsätzliches Vergehen hervorgebracht sind, sowie der erlangte Erlös und die mit diesen erworbenen Sachen, ferner Sachen, die zur Begehung einer solchen strafbaren Handlung gebraucht oder bestimmt waren, können, wenn sie dem Täter oder einem Teilnehmer gehören, eingezogen werden. Auf andere strafbare Handlungen kann diese Maßnahme angewendet werden, wenn das Gesetz es ausdrücklich bestimmt.

2. Wenn die erwähnten Sachen eine Gefahr für die öffentliche Sicherheit darstellen, ist die Einziehung zwingend anzuordnen gegen jeden Besitzer dieser Sachen und auch ohne Verurteilung einer Person; sie wird auch gegen den Erben vollzogen, wenn das Urteil, welches die Einziehung angeordnet hat, zu der Zeit rechtskräftig geworden ist, in welcher der, gegen den das Urteil lautet, noch lebte. Wenn keine Person verurteilt ist

oder die Verfolgung nicht möglich war, so wird die Einziehung entweder vom Gericht der abgeurteilten Sache oder vom Schöffengericht auf Antrag des Staatsanwalts angeordnet.

3. Bei jedem Fall der Einziehung ordnet das Gericht an, ob die eingezogenen Sachen zu vernichten sind.

IV. Schadenersatz

Artikel 77

Vorrang des Schadenersatzes

Wird jemand zu Geldstrafe und zugleich zu Schadenersatz an den Verletzten verurteilt und reicht sein Vermögen zur Erfüllung beider Ansprüche nicht aus, so hat die Zahlung des Schadenersatzes den Vorrang.

Artikel 78

Zahlungspflichtige

Alle, die wegen derselben Tat als Mittäter oder Teilnehmer verurteilt sind, haften gemeinschaftlich für die Zahlung des Schadenersatzes.

Kapitel E

Strafzumessung

I. Allgemeine Regel

Artikel 79

Richterliche Zumessung

1. Bei der Zumessung der Strafe innerhalb der vom Gesetz bestimmten Rahmen berücksichtigt das Gericht die Schwere der begangenen Tat sowie die Persönlichkeit des Täters.

2. Bei der Würdigung der Tat berücksichtigt das Gericht:

a) den durch die Tat verursachten Schaden oder die durch die Tat hervorgerufene Gefahr,
b) die Natur, die Art und den Gegenstand der Straftat, sowie alle Umstände, welche die Vorbereitung, die Ausführung, die Zeit, den Ort, die Mittel und die Art und Weise der Ausführungen begleiten,
c) die Intensität des Vorsatzes oder den Grad der Fahrlässigkeit des Schuldigen.

3. Bei der Würdigung der Persönlichkeit des Täters soll das Gericht berücksichtigen den Grad der durch die Tat geäußerten verbrecherischen Anlagen des Täters, insbes.:

a) die Ursachen, die den Täter zur Tat bestimmt haben, die Veranlassung und den Zweck, den er verfolgte,
b) den Charakter und den Entwicklungsgrad des Täters,
c) seine persönlichen und sozialen Verhältnisse und sein Vorleben,
d) sein Verhalten nach der Tat, insbesondere die gezeigte Reue und die Bereitwilligkeit zur Wiedergutmachung der Tatfolgen.

4. Im Urteil werden die Gründe für die Strafzumessung vom Gericht ausdrücklich erwähnt.

Artikel 80

Bemessung der Geldstrafen

1. Bei der Bemessung der Geldstrafen sind außerdem die wirschaftlichen Verhältnisse des Verurteilten sowie seine von ihm unterhaltenen Familienmitglieder zu berücksichtigen.

2. In den Fällen, in denen das Gesetz neben Geldstrafen alternativ auch Freiheitsstrafe vorsieht, kann das Gericht auf beide Strafen erkennen, wenn es der Auffassung ist, daß eine der beiden Strafen nicht ausreicht, um den Täter von der Begehung weiterer strafbarer Handlungen abzuhalten.

Artikel 81

Verbrechen aus Gewinnsucht

1. Wird eine strafbare Handlung aus gewinnsüchtigen Beweggründen begangen, so kann das Gericht neben Freiheitsstrafe auf Geldstrafe erkennen, auch wenn eine solche im Gesetz für die begangene Tat nicht vorgesehen ist.

2. Ist für die begangene Tat im Gesetz nur Geldstrafe vorgesehen, so kann das Gericht im Falle des Abs. 1 auf das Dreifache der für die Tat vorgesehenen Höchststrafe erhöhen.

Artikel 82

Umwandlung der Freiheitsstrafe

1. Wird vom Gericht auf eine Freiheitsstrafe bis zu 6 Monaten erkannt, so kann es zugleich deren Umwandlung in Geldstrafe anordnen, wenn aus der Untersuchung des Charakters des Verurteilten und aus den anderen Umständen sich ergibt, daß die Geldstrafe genügt, um den Täter von der Begehung weiterer strafbarer Handlungen abzuhalten.

2. Bei der Umwandlung sind die wirtschaftlichen Verhältnisse des Täters zu berücksichtigen. 1 Tag Gefängnis ist in Geldstrafe von 100 bis 10 000 metallische Drachmen, 1 Tag Haft in Geldstrafe von 50 bis 2000 metallische Drachmen umzuwandeln.

3. Die Vollstreckung der verhängten Freiheitsstrafe kann so lange erfolgen, bis der in Geldstrafe umgewandelte Betrag an die öffentliche Kasse bezahlt ist und wird kein Befreiungsgrund für die Zahlung anerkannt.

Artikel 83

Strafmilderungsgründe

Wenn das Gesetz im Allgemeinen Teil von einer geminderten Strafe spricht, ohne diese näher zu bestimmen, so tritt

a) an die Stelle von Todesstrafe oder lebenslänglichem Zuchthaus Zuchthaus nicht unter 10 Jahre;

b) an die Stelle von mehr als 10 Jahren Zuchthaus Zuchthaus bis zu 12 Jahren;

c) an die Stelle von Zuchthaus bis zu 10 Jahren Zuchthaus bis zu 6 Jahren oder Gefängnis nicht unter einem Jahre;

d) in jedem anderen Falle wird die Strafe vom Richter nach freiem Ermessen auf das Mindestmaß der Strafart herabgesetzt;

e) wenn das Gesetz Freiheits- und Geldstrafen zusammen androht, so kann nur auf Geldstrafe erkannt werden.

Artikel 84
Mildernde Umstände

1. Die Strafe wird auch dann nach Art. 83 gemindert, wenn das Gericht der Auffassung ist, daß mildernde Umstände vorliegen.

2. Als mildernde Umstände sind anzusehen:

a) daß der Täter vor der Tat ein ehrliches persönliches, familiäres, berufliches und im allgemeinen soziales Leben geführt hat;
b) daß er nicht aus unredlichen Motiven oder aus großer Armut zur Tat veranlaßt wurde, oder unter dem Zwang ernster Drohung oder dem Befehl einer Person, der er im allgemeinen gehorchen muß oder zu der er in einem Abhängigkeitsverhältnis steht, gehandelt hat;
c) daß er durch ungebührliches Verhalten des Verletzten wegen einer ihm zugefügten rechtswidrigen Handlung aus Zorn oder großer Empörung sich zu der Tat hinreichen ließ;
d) daß der Täter ernstliche Reue gezeigt und sich bemüht hat, die Folgen seiner Tat zu mildern oder ganz zu beseitigen;
e) daß der Schuldige während einer verhältnismäßig längeren Zeit nach der Tat sich gut geführt hat.

Artikel 85
Zusammentreffen von Milderungsgründen

Wenn mehrere Milderungsgründe (Art. 83) oder einer oder mehrerer solcher Gründe mit mildernden Umständen (Art. 84) zusammentreffen, so ist die Strafe nur einmal nach Art. 83 zu mildern. Bei ihrer Bemessung sind die anderen Gründe oder die mildernden Umstände zu berücksichtigen.

Artikel 86
Verurteilung zur Todesstrafe

In den Fällen, in denen das Gesetz wahlweise lebenslängliches Zuchthaus und Todesstrafe androht, ist letztere nur zu verhängen, wenn die Art und Weise der Ausführung, sowie die sonstigen Umstände die Tat als besonders verwerflich erscheinen lassen, oder wenn der Täter für die öffentliche Sicherheit gefährlich ist.

Artikel 87
Berechnung der Untersuchungshaft

1. Auf die festgesetzte Freiheitsstrafe wird die Zeit einer von zuständigen Untersuchungsbehörden angeordneten Untersuchungshaft des Verurteilten sowie die Zeit von der Festnahme bis zur Untersuchungshaft angerechnet.

2. Die Zeit des Aufenthalts in einer Heilanstalt wird gleichfalls angerechnet (Art. 200 Strafprozeßgesetzbuch).

3. Die von der Verkündung des Urteils bis zu dessen Rechtskraft verflossene Zeit wird von der Strafvollstreckungsbehörde auf die Strafe angerechnet.

II. Rückfällige und Gewohnheitsverbrecher

Artikel 88
Rückfall

Rückfällig ist, wer wegen eines Verbrechens oder eines vorsätzlichen Vergehens zu einer Freiheitsstrafe verurteilt ist und nach völligem oder teilweisem Vollzug derselben innerhalb fünf Jahre ein neues Verbrechen oder vorsätzliches Vergehen verübt, das eine Freiheitsstrafe nach sich zieht.

Artikel 89

Rückfallstrafe

1. Beim Rückfall ist die im Gesetz vorgesehene Strafe zu erhöhen. Sie darf die vorgesehene Höchststrafe übersteigen und das für die Strafart vorgesehene Höchstmaß erreichen. Wenn Freiheitsstrafe wahlweise neben Geldstrafe vorgesehen ist, so ist immer die erstere, nach diesen Vorschriften erhöht, zu verhängen.

2. Der dritte und jeder weitere Rückfall wird, wenn die Tat mit Gefängnis über 6 Monate bedroht ist, mit Zuchthaus bis zu 10 Jahren bestraft.

Artikel 90

Rückfällige Gewohnheitsverbrecher

1. Begeht jemand, der schon mindestens dreimal wegen eines Verbrechens oder vorsätzlichen Vergehens zu Freiheitsstrafe verurteilt ist, von denen mindestens die eine Zuchthaus war, ein neues Verbrechen oder vorsätzliches Vergehen, das ihn in Verbindung mit den früheren Taten als einen für die öffentliche Sicherheit gefährlichen Gewohnheits- oder Berufsverbrecher erscheinen läßt, so kann das Gericht, sofern die nach den Vorschriften des vorstehenden Artikels zu verhängende Strafe Zuchthaus ist, auf Zuchthaus von unbestimmter Dauer, das in besonderen Anstalten oder Gefängnisannexen vollzogen wird, erkennen. Im Urteil wird nur die Mindestdauer der Zuchthausstrafe festgesetzt, die nicht niedriger als zwei Drittel der Höchststrafe gem. vorstehendem Artikel sein darf.

2. Freiheitsstrafen, die für eine Tat, die nach den griechischen Gesetzen ein Verbrechen oder vorsätzliches Vergehen ist, im Ausland verhängt und ganz oder zum Teil vollzogen sind, können zur Verhängung der Strafe von unbestimmter Dauer berücksichtigt werden. Der Zuchthausstrafe wird die dieser am meisten entsprechende Freiheitsstrafe fremder Gesetzgebungen gleichgestellt.

Artikel 91

Ende der unbestimmten Zuchthausstrafe

1. Nach Ablauf der im Urteil gemäß Abs. 1 des vorstehenden Artikels festgesetzten Mindeststrafe und weiterhin alle drei Jahre wird auf Ersuchen des Gefangenen oder von Amts wegen geprüft, ob er freigelassen werden kann. Die Entlassung wird angeordnet, wenn der Gefangene sich im Gefängnis gut geführt hat und zu erwarten ist, daß er keine weiteren strafbaren Handlungen begehen wird. Über die Entlassung entscheidet nach gutachtlicher Stellungnahme der Anstaltsleitung das Schöffengericht, in dessen Bezirk die Strafe vollzogen wird.

2. Die Entlassung wird immer vorläufig erteilt. Sie kann nach den Vorschriften des Art. 107 Abs. 1 widerrufen werden; sie wird endgültig, wenn sie innerhab von 5 Jahren nicht nach den Vorschriften des Art. 110 Abs. 3, 4 und 5 widerrufen wird.

3. In jedem Fall darf die Einkerkerung des zu unbestimmtem Zuchthaus Verurteilten nach Verbüßung der im Urteil festgesetzten Mindeststrafe für eine Tat, die mit Zuchthaus bis zu 10 Jahren bedroht ist,

nicht länger als 15 Jahre und in den übrigen Fällen nicht länger als 20 Jahre dauern.

4. Im Falle der Konkurrenz gemäß Art. 97 Ziff. a) setzt das Gericht die Mindeststrafe nach Art. 90 Abs. 1 fest, jedoch erhöht nach der Vorschrift des Art. 94 Abs. 1.

Artikel 92

Gewohnheitsverbrecher ohne Rücksicht auf Rückfälligkeit

Die Vorschriften des Art. 89 Abs. 1 sind auf rückfällige und nicht rückfällige Gewohnheits- und Berufsverbrecher anzuwenden. Wenn sie für die öffentliche Sicherheit gefährlich sind und die für die begangene Tat oder Taten anzuwendende Strafe zeitiges Zuchthaus ist, so kann auf Zuchthaus von unbestimmter Dauer erkannt werden, dessen Mindestdauer nicht kürzer als die Hälfte der Höchststrafe, zu der der Täter verurteilt ist, sein darf; im übrigen sind die Vorschriften der Art. 90, 91 anzuwenden.

Artikel 93

Rückfällige Fahrlässigkeitstäter

Die Vorschriften des Art. 89 Abs. 1 sind auch auf den wegen eines fahrlässigen Vergehens zu Freiheitsstrafe Verurteilten anzuwenden, wenn er innerhalb von fünf Jahren nach dem gänzlichen oder teilweisen Vollzug der verhängten Strafe wieder dasselbe oder ein verwandtes Vergehen aus Fahrlässigkeit verübt.

III. Verbrechenskonkurrenz

Artikel 94

Gesamtstrafenbildung bei Freiheitsstrafen

1. Gegen den Schuldigen, der mehrere selbständige und im Gesetz mit zeitigen Freiheitsstrafen bedrohte Taten verübt, wird bei der Strafzumessung auf eine Gesamtstrafe erkannt, welche in einer Erhöhung der schwersten konkurrierenden Strafe besteht. Sind die konkurrierenden Strafen von gleicher Art und Zeitdauer, so wird die Gesamtstrafe durch Erhöhung einer dieser Srafen gebildet. Die Erhöhung der schwersten Strafe beträgt mindestens:

a) 4 Monate, wenn die konkurrierende Strafe höher als 2 Jahre ist,
b) 1 Jahr, wenn diese Strafe Zuchthaus bis zu 10 Jahren, und
c) 2 Jahre, wenn diese Strafe Zuchthaus über 10 Jahre ist.

Die Erhöhung darf in keinem Falle mehr als drei Viertel der Summe der übrigen konkurrierenden Strafe betragen, und die Gesamtstrafe darf 25 Jahre bei Zuchthaus, 10 Jahre bei Gefängnis und 6 Monate bei Haft nicht überschreiten.

2. Sind die konkurrierenden strafbaren Handlungen durch eine Tat begangen, so kann das Gericht die schwerste der konkurrierenden Strafe nach freiem Ermessen erhöhen, jedoch nicht über das Höchstmaß dieser Strafart.

Artikel 95

Konkurrierende Nebenstrafen

Die Nebenstrafen (Art. 59—64) und die Sicherungsmaßregeln (Art. 71 bis 76) sind oder können mit der Gesamtstrafe verhängt werden, wenn das Gesetz dies für eine der konkurrierenden Taten bestimmt.

Artikel 96
Gesamtstrafenbildung bei Geldstrafen

1. Konkurrieren mehrere Geldstrafen, so wird die zu verhängende Geldstrafe aus der schwersten, nach den wirtschaftlichen Verhältnissen des Verurteilten zu erhöhenden Geldstrafe gebildet. Die Erhöhung darf jedoch drei Viertel der Gesamtsumme der übrigen konkurrierenden Strafen nicht übersteigen. Konkurrieren mehrere gleichhohe Strafen, so ist die Gesamtstrafe durch Erhöhung einer dieser Strafen nach vorstehender Bestimmung zu bilden.

2. Die Vorschrift des Abs. 2 des Art. 94 ist hier entsprechend anzuwenden.

Artikel 97
Andere Fälle von Gesamtstrafe

Die Vorschriften der Art. 94 Abs. 1 und 96 Abs. 1 sind in folgenden Fällen anzuwenden:

a) wenn, bevor die gegen jemanden verhängte Strafe verjährt oder ganz vollzogen oder gnadenweise erlassen ist, eine Verurteilung wegen einer früher begangenen Tat erfolgt, und

b) wenn nach völligem Vollzug der Strafe eine Verurteilung wegen einer Tat erfolgt, die der Täter vor der vorausgegangenen Verurteilung begangen hat. In diesem Falle wird die Dauer der vollzogenen Strafe auf die Gesamtstrafe angerechnet.

Artikel 98
Fortgesetztes Verbrechen

Wenn mehrere Taten einer Person die Fortsetzung einer und derselben strafbaren Handlung bilden, so kann das Gericht an Stelle der Vorschrift des Art. 94 Abs. 1 nur eine Strafe verhängen, bei deren Bemessung der ganze Inhalt der einzelnen Taten zu berücksichtigen ist.

Kapitel F
Bedingte Strafaussetzung und bedingte Entlassung

I. Bedingte Strafaussetzung

Artikel 99
Strafaussetzung und ihre Dauer

Wird jemand, der bisher noch nicht wegen eines Verbrechens oder Vergehens zu einer Freiheitsstrafe verurteilt ist, zu einer Freiheitsstrafe nicht über 1 Jahr verurteilt, so kann das Gericht in seinem Urteil anordnen, daß die Vollstreckung der erkannten Strafe für die Dauer von 3 bis 5 Jahren auszusetzen ist.

Artikel 100
Voraussetzung der Aussetzung

1. Die Vollstreckung kann ausgesetzt werden, wenn nach den Tatumständen und besonders nach deren Ursachen, nach dem Vorleben und Charakter des Täters das Gericht der Auffassung ist, daß die Vollstreckung der Strafe nicht notwendig ist, um den Täter von der Begehung

weiterer strafbarer Handlungen abzuhalten. Das Gericht soll bei dieser Entscheidung auch das Verhalten des Täters nach der Tat in Betracht ziehen, insbesondere die gezeigte Reue und die Bereitschaft zur Wiedergutmachung der Tatfolgen.

2. Die Gründe für die Strafaussetzung sollen ausdrücklich im Urteil erwähnt werden.

3. Das Gericht hat die Aussetzung der Strafe von der vorherigen Zahlung der Gerichtskosten und des durch Urteil festgesetzten Schadens des Verletzten und der Buße abhängig zu machen; das Gericht kann auch eine Frist für die Erfüllung dieser Bedingung festsetzen.

4. Der Vorsitzende gibt bei der Verkündung des Urteils auch die Bedingungen bekannt, unter denen die Aussetzung erteilt wird.

Artikel 101

Widerruf der Aussetzung

1. Wenn nach angeordneter Aussetzung und innerhalb der bestimmten Frist bewiesen wird, daß der Täter früher wegen einer der im Art. 99 erwähnten Taten rechtskräftig verurteilt worden ist, so ist auf Antrag des Staatsanwalts die Aussetzung vom Gericht zu widerrufen.

2. Wenn innerhalb der Aussetzungsfrist eine Verurteilung wegen einer der im Art. 99 angeführten und vor der Urteilsverkündung über die Aussetzung begangenen Tat rechtskräftig wird, so gilt die Aussetzung als nicht erteilt. Die ausgesetzte Strafe ist nach den Bestimmungen des Art. 94 Abs. 1 und des Art. 96 Abs. 1 zu vollstrecken, es sei denn, daß das Gericht bei der Verkündung des neuen Urteils in diesem ausdrücklich die Beibehaltung der Aussetzung wegen der Geringfügigkeit des Vergehens anordnet.

Dasselbe gilt, wenn nach Ablauf der Aussetzungsfrist eine Verurteilung oder Strafverfolgung wegen einer rechtskräftig abgeurteilten Tat erfolgt, die vor der Aussetzung begangen wurde.

Artikel 102

Aufhebung der Aussetzung

1. Wird der Verurteilte innerhalb der Aussetzunsfrist wiederum wegen eines während der Aussetzungsfrist begangenen Verbrechens oder Vergehens zu einer Freiheitsstrafe verurteilt, so ist die Aussetzung aufzuheben, wenn die neue Verurteilung rechtskräftig wird, und die verhängte Strafe nach dem Vollzug der ausgesetzten Strafe zu vollstrecken, es sei denn, daß wegen der Geringfügigkeit des zuletzt abgeurteilten Vergehens das Gericht im neuen Urteil die Nichtaufhebung der Aussetzung anordnet.

2. Wird die Strafaussetzung nicht aufgehoben oder nach den Vorschriften des Art. 1 nicht widerrufen, so gilt die ausgesetzte Strafe als nicht verhängt.

Artikel 103

Wirkung eines ausländischen Urteils

Ist die in den Artikeln 99, 101 und 102 erwähnte Verurteilung durch ein ausländisches Gericht erfolgt, so bestimmt das Gericht nach freiem Ermessen ihre Wirkung auf die Anordnung, den Widerruf und die Aufhebung der Strafaussetzung.

Artikel 104

Gerichtskosten, Schadenersatz und Nebenstrafen

1. Die Aussetzung der Strafe befreit den Verurteilten nicht von der Zahlung der Gerichtskosten, des Schadenersatzes und der Buße.

2. Die Nebenstrafen des Verlustes oder der Unfähigkeit der bürgerlichen Ehrenrechte werden mit der Hauptstrafe ausgesetzt oder endgültig erlassen, es sei denn, daß das Gericht bei einem öffentlichen Beamten (Art. 263) eine Aussetzung nicht anordnet.

II. Bedingte Entlassung

Artikel 105

Gefangene, die ein Recht auf Entlassung haben

1. Die zu einer Freiheitsstrafe Verurteilten können, nachdem sie $^{2}/_{3}$ der verhängten Strafe, mindestens jedoch ein Jahr und bei lebenslänglichem Zuchthaus 20 Jahre verbüßt haben, auf Widerruf gemäß nachfolgenden Vorschriften entlassen werden. Wird die Untersuchungshaft auf die Strafe angerechnet, so gilt die Reststrafe als verhängte Strafe.

2. Die Dauer von $^{2}/_{3}$ der Strafe wird auf die Hälfte herabgesetzt, wenn es sich um einen Gefangenen handelt, der das 70. Lebensjahr überschritten hat.

Artikel 106

Voraussetzungen für die Entlassung

1. Die bedingte Entlassung wird nur gewährt, wenn der Gefangene sich im Gefängnis gut geführt hat, die gerichtlich festgesetzten Ansprüche des Verletzten, soweit es ihm möglich war, erfüllt hat, und nach Prüfung seines Vorlebens, seiner allgemeinen persönlichen und sozialen Verhältnisse und seinem Charakter eine künftighin ehrliche Lebensführung von ihm zu erwarten ist.

2. Der Entlassene kann gewissen, seine Lebensführung betreffende Verpflichtungen, insbesondere hinsichtlich des Aufenthaltsorts, unterworfen werden.

Artikel 107

Widerruf der Entlassung

1. Die Entlassung kann widerrufen werden, wenn der Entlassene ein schlechtes Leben führt oder die ihm bei der Entlassung auferlegten Verpflichtungen nicht erfüllt. Im Falle des Widerrufs wird die Zeit von der Entlassung bis zur Wiederverhaftung auf die zu verbüßende Strafe nicht angerechnet.

Artikel 108

Aufhebung der Wirkung der Entlassung

Wenn der Entlassene innerhalb der nach Art. 109 geregelten Probezeit eine vorsätzliche strafbare Handlung begeht, wegen der er rechtskräftig zumindest zu 3 Monaten Gefängnis verurteilt wird, so hat er die ganze, im Zeitpunkt der Entlassung noch zu vollstreckende Reststrafe zu verbüßen.

Artikel 109

Wirkung des Nichtwiderrufs

Wenn seit der Entlassung bei einer Reststrafe von 3 Jahren diese Zeit abgelaufen ist, oder wenn 3 Jahre verflossen sind, ohne daß ein

Widerruf erfolgte, so gilt die Strafe als vollzogen. Lebenslängliches Zuchthaus gilt als vollzogen, wenn seit der nichtwiderrufenen Entlassung 10 Jahre verflossen sind.

Artikel 110

Verfahren bei Gewährung und Widerruf der Entlassung

1. Über die Gewährung und den Widerruf der bedingten Entlassung entscheidet durch Beschluß das Schöffengericht, in dessen Bezirk die Strafe vollzogen wird.

2. Die bedingte Entlassung wird auf Antrag der Direktion der Anstalt, in welcher der Gefangene sich befindet, gewährt; der hinreichend zu begründende Antrag wird bei Ablauf der in Art. 105 bestimmten Zeitdauer eingereicht.

3. Über den Widerruf entscheidet auf Antrag der für den Entlassenen zuständigen Aufsichtsbehörde dasselbe Gericht.

4. Die Aufsicht kann auch einer Gefangenenschutzgesellschaft übertragen werden.

5. In dringenden Notfällen und zur Verhütung einer Gefahr für die öffentliche Sicherheit kann der Staatsanwalt des für den Aufenthaltsort des Entlassenen zuständigen Schöffengerichts die vorläufige Festnahme des Entlassenen anordnen und den Widerruf der Entlassung beantragen. Im Falle des endgültigen Widerrufs gilt dieser als am Tage der Verhaftung erfolgt.

Kapitel G

Strafaufhebungsgründe

I. Verjährung

Artikel 111

Verjährungsfrist der strafbaren Handlungen

1. Die Strafbarkeit einer Tat erlischt mit der Verjährung.

2. Die Verbrechen verjähren:

a) in zwanzig Jahren, wenn sie im Gesetz mit Todesstrafe oder lebenslänglichem Zuchthaus bedroht sind;

b) in zehn Jahren in jedem anderen Falle.

3. Die Vergehen verjähren in 5 Jahren.

4. Die Übertretungen verjähren in einem Jahr.

5. Die obigen Fristen sind nach dem im Gebrauch befindlichen Kalender zu berechnen.

6. Wenn im Gesetz mehrere Strafen wahlweise angedroht sind, so sind die Fristen nach der schwereren Strafe zu berechnen.

Artikel 112

Beginn der Verjährung

Die Verjährungsfrist beginnt mit dem Tage, an welchem die Straftat begangen ist.

Artikel 113

Ruhen der Verjährung

1. Die Verjährung ruht, solange kraft gesetzlicher Vorschrift die Strafverfolgung nicht begonnen oder fortgesetzt werden kann. Die Ver-

jährung ruht auch, solange die Hauptverhandlung dauert, und bis zur Rechtskraft des eine Strafe aussprechenden Urteils, aber nicht länger als 3 Jahre für Verbrechen und Vergehen und ein Jahr für Übertretungen.

2. Wenn die Strafverfolgung einen Antrag erfordert, so ruht die Verjährung nicht wegen fehlenden Antrags.

Artikel 114

Verjährung der verhängten Strafen

Rechtskräftig erkannte Strafen, die nicht vollstreckt sind, verjähren wie folgt:

a) die Todesstrafe und lebenslängliches Zuchthaus in 30 Jahren;
b) Einschließung in einer Irrenheilanstalt (Art. 38) und Zuchthaus in 20 Jahren;
c) Gefängnis, Geldstrafe und Einschließung in einer Jugendstrafanstalt (Art. 54) in 10 Jahren und
d) jede geringere Strafe in 2 Jahren.

Artikel 115

Beginn der Verjährung

Die Verjährung beginnt mit dem Tage, an dem das Urteil rechtskräftig geworden ist.

Artikel 116

Ruhen der Verjährung

Die Verjährung ruht:

a) solange kraft Gesetzes die Vollstreckung der Strafe nicht begonnen oder nicht fortgesetzt werden kann;
b) solange nach Art. 99 die Vollstreckung ausgesetzt ist oder solange die Tilgung der Geldstrafen durch Ratenzahlung dauert, und
c) solange der Vollzug eines der in Art. 71 und 72 angeführten Sicherungsmaßregeln dauert.

II. Verzicht auf den Antrag

Artikel 117

Unterlassung des Antrags oder Verzicht auf das Antragsrecht

1. Ist nach dem Gesetz zur Strafverfolgung einer Tat ein Antrag erforderlich, so erlischt die Strafbarkeit der Tat, wenn der Antragsberechtigte es unterläßt, binnen 3 Monaten vom Tage, an dem er von der Handlung und der Person des Täters Kenntnis erhalten hat, den Antrag zu stellen.

2. Dieselbe Folge hat auch der vor der zuständigen Behörde des Berechtigten erklärte Verzicht auf das Antragsrecht.

Artikel 118

Antragsberechtigte Personen

1. Das Antragsrecht steht dem unmittelbar von der Straftat Betroffenen zu, soweit das Gesetz nicht ein anderes ausdrücklich bestimmt.

2. Hat der Verletzte das 12. Jahr nicht vollendet oder steht er unter Vormundschaft, so hat sein gesetzlicher Vertreter das Antragsrecht. Hat der Verletzte das 12. Lebensjahr vollendet, so steht das Antragsrecht sowohl ihm als dem gesetzlichen Vertreter zu. Nach der Vollendung des

17. Lebensjahres hat nur der Verletzte dieses Recht.

3. Wenn mehrere zum Antrag berechtigt sind, so hat jeder von ihnen ein selbständiges Antragsrecht.

4. Mit dem Tode des Verletzten geht das Antragsrecht auf den überlebenden Ehegatten und die Kinder und, falls diese Personen vorverstorben sind, auf seine Eltern über.

5. Bei gegen den König, die Königin, den Thronfolger oder den die königliche Gewalt Ausübenden begangenen Antragsdelikten tritt die Verfolgung auf Antrag des Justizministers ein.

Artikel 119

Unteilbarkeit des Antrags

Die Strafverfolgung findet gegen sämtliche an der Tat Beteiligten statt, auch wenn nur gegen eine dieser Personen der Antrag eingelegt ist.

Artikel 120

Zurücknahme des Antrags

1. Der Antrag kann von demjenigen, der ihn eingelegt hat, nach den Vorschriften des Strafprozeßgeseztes zurückgenommen werden.

2. Die Zurücknahme des Antrags gegen einen an der Tat Beteiligten hat die Einstellung des Verfahrens auch gegen die andern zur Folge, soweit sie auf Antrag zu verfolgen sind.

3. Die Zurücknahme hat keine Wirkung für den Beschuldigten, der vor der Behörde erklärt, daß er damit nicht einverstanden ist. Nach der Rücknahme des Antrags kann ein neuer Antrag nicht gestellt werden.

Kapitel H

Jugendliche Verbrecher

Artikel 121

Allgemeine Bestimmungen

1. Jugendliche im Sinne dieses Kapitels sind Personen vom 7. bis vollendeten 17. Lebensjahr. Bis zum vollendeten 12. Jahre heißen sie Kinder, die anderen Epheben (Halberwachsene).

2. Die Jugendlichen sind Erziehungsmaßregeln, Heilbehandlungen oder Straferziehung nach folgenden Vorschriften unterworfen.

Artikel 122

Erziehungsmittel

1. Erziehungsmittel sind:

a) die Verwarnung des Jugendlichen;

b) die Stellung des Jugendlichen unter die verantwortliche Erziehung der Eltern, des Vormunds oder des Pflegers;

c) die Stellung des Jugendlichen unter die verantwortliche Fürsorge von Jugendfürsorgegesellschaften oder Jugendanstalten oder speziellen Jugendpflegern;

d) die Unterbringung des Jugendlichen in einer entsprechenden staatlichen, städtischen, kommunalen oder privaten Erziehungsanstalt.

2. In jedem Falle können als zusätzliche Erziehungsmittel dem Jugendlichen auch andere Verpflichtungen auferlegt werden, die sich auf seine Lebensführung und Erziehung beziehen.

Artikel 123
Heilmaßnahmen

1. Erfordert der Zustand des Jugendlichen eine besondere Behandlung, namentlich, wenn er an einer Geisteskrankheit oder an einer anderen krankhaften Störung der Geistestätigkeit leidet, oder blind, taubstumm, epileptisch oder trunksüchtig ist, oder einen anormalen Rückstand der geistigen oder moralischen Entwicklung aufzeigt, so ordnet das Gericht seine Unterbringung in eine Heil- oder anderen geeigneten Anstalt an.

2. Die Heilmaßnahmen werden nach dem Gutachten eines Facharztes angeordnet.

Artikel 124
Umwandlung oder Aufhebung der Maßnahmen

1. Das Gericht, das die Erziehungsmaßnahmen gegen einen Jugendlichen angeordnet hat, kann sie jederzeit durch andere ersetzen, wenn es dies für notwendig hält, und kann sie aufheben, wenn sie ihren Zweck erfüllt haben.

2. Dasselbe gilt auch für die Heilmaßnahmen, aber stets nach eingeholtem Gutachten eines Facharztes.

3. Die Vorschrift des Art. 4 Abs. 2 ist auch hier anzuwenden.

Artikel 125
Dauer der Maßnahmen

Die vom Gericht angeordneten Erziehungs- oder Heilmaßnahmen hören von Rechts wegen auf, sobald der Jugendliche das 21. Lebensjahr vollendet hat.

Artikel 126
Strafrechtlich nicht verantwortliche Jugendliche

1. Die von einem Kind begangene Straftat wird diesem nicht zugerechnet. Es sind nur Erziehungs- oder Heilmaßnahmen anzuwenden.

2. Dem Epheben, der eine Straftat begangen hat, werden auch Erziehungs- oder Heilmaßnahmen auferlegt, wenn nicht nach folgendem Artikel die Straferziehung anzuwenden ist.

Artikel 127
Strafrechtlich verantwortliche Jugendliche

1. Wenn das Gericht nach der Untersuchung der Tatumstände oder nach der ganzen Persönlichkeit des Täters überzeugt ist, daß zur Abhaltung des Epheben von neuen Straftaten eine Straferziehung notwendig ist, so verurteilt es ihn zur Einschließung in einer Straferziehungsanstalt.

2. Im Urteil wird das Höchstmaß der Einschließung des Epheben innerhalb der von Art. 54 festgesetzten Grenze bestimmt.

3. Über die Entlassung des Verurteilten aus der Straferziehungsanstalt nach Ablauf des Mindestmaßes und vor Ablauf des Höchstmaßes entscheidet das Gericht auf Antrag der Anstaltsleitung oder auf Antrag des Staatsanwaltes nach der Meinung der Anstaltsleitung.

Artikel 128
Übertretungen von Jugendlichen

Bei von Jugendlichen begangenen Übertretungen sind die in Art. 122 erwähnten Erziehungsmaßnahmen anzuwenden, ausgenommen die Unterbringung in einer Erziehungsanstalt.

Artikel 129

Bedingte Entlassung

1. Das Gericht kann auf Antrag der Anstaltsleitung oder des Staatsanwalts den Verurteilten probeweise vor dem Ablauf des durch das Urteil festgesetzten Mindestmaßes bedingt entlassen, auf jeden Fall aber nach einem Anstaltsaufenthalt von mindestens 6 Monaten, und, wenn eine Einschließung von mehr als 3 Jahren auferlegt ist, nach einem Aufenthalt von mindestens einem Jahr.

2. In dem über die bedingte Entlassung ergehenden Urteil ist die Probezeit festzusetzen, die nicht kürzer als 2 Jahre und nicht länger als 5 Jahre sein darf.

3. Dem Verurteilten können während der Probezeit die in Art. 122 Abs. 2 erwähnten Verpflichtungen auferlegt werden.

4. Wenn der Entlassene während der Probezeit sich schlecht führt, so kann das Gericht auf Antrag der Anstaltsleitung, des Staatsanwalts oder des Sorgeberechtigten die bedingte Entlassung widerrufen oder die Probezeit bis auf 5 Jahre verlängern, wenn sie kürzer festgesetzt wurde. Im Falle des Widerrufs wird die Zeit, die der Entlassene in Freiheit außerhalb der Anstalt verbracht hat, nicht auf die Strafe angerechnet.

5. Ist seit der Entlassung die Probezeit abgelaufen, ohne daß ein Widerruf erfolgte, so gilt die Strafe als vollzogen.

6. Zuständiges Gericht für die Entscheidungen nach diesem Artikel oder nach Art. 127 Abs. 3 ist das beim Schöffengericht des Orts, an dem die Einschließung vollzogen wird, aus drei Richtern gebildete Jugendgericht.

Artikel 130

Jugendliche, die nach Vollendung des 17. Lebensjahres verurteilt werden

1. Findet der Prozeß gegen einen Epheben (Halberwachsenen) statt, der das 17. Lebensjahr vollendet hat, so kann das Gericht, wenn es die Straferziehung für notwendig erachtet, eine Einschließung in einer Erziehungsanstalt aber nicht für zweckmäßig erachtet, statt der Straferziehung auf die für die Tat vorgesehene Strafe erkennen, die nach den Vorschriften des Art. 83 zu mildern ist.

2. Die so verhängten Strafen haben in keinem Falle den Verlust der bürgerlichen Ehrenrechte oder die Unterbringung in einem Arbeitshause zur Folge.

3. Diese Gefangenen werden im allgemeinen von den übrigen volljährigen Gefangenen getrennt gehalten.

Artikel 131

Beginn der Urteilsvollstreckung nach Vollendung des 17. Lebensjahres

1. Hat der zur Einschließung in einer Straferziehungsanstalt Verurteilte das 17. Lebensjahr vor der Vollstreckung des Urteils vollendet, so kann das Gericht, welches die Sache abgeurteilt hat, wenn es jetzt die Einschließung für unzweckmäßig erachtet, diese durch die im vorstehenden Artikel erwähnte Strafe ersetzen.

2. Hat der Verurteilte das 21. Lebensjahr vollendet, so ist die Ersetzung gem. Abs. 1 obligatorisch.

3. Die Abs. 2 und 3 des vorstehenden Artikels sind auch hier anzuwenden.

Artikel 132
Konkurrenz

1. Begeht der in einer Strafanstalt Befindliche vor der Vollendung des 17. Lebensjahres eine Straftat oder liegt ein Fall der Konkurrenz gem. Art. 97 vor, so hat das Gericht die im vorausgegangenen Urteil festgesetzte Mindest- und Höchstdauer der Anstaltseinschließung des Jugendlichen zu erhöhen.

2. Begeht der in einer Straferziehungsanstalt Befindliche nach Vollendung des 17. Lebensjahres eine Straftat, dann verhängt das Gericht

a) wenn die wegen dieser Tat ausgesprochene Strafe zeitiges Zuchthaus ist, eine erhöhte Gesamtzuchthausstrafe.
Die Erhöhung der Zuchthausstrafe darf nicht geringer als die Hälfte der im Urteil festgesetzten Mindestdauer der Einschließung in einer Straferziehungsanstalt sein; im übrigen sind die Vorschriften des Art. 94 Abs. 1 anzuwenden.

b) Ist die wegen der neuen Tat ausgesprochene Strafe milder als zeitiges Zuchthaus, so hat das Gericht die im Urteil festgesetzte Mindest- und Höchstdauer der Einschließung zu erhöhen, jedoch nicht über das im Art. 54 vorgeschriebene Höchstmaß der Einschließung.

Artikel 133
Verbrechen im nachephebischen Alter

Hat jemand zur Zeit der Begehung der Straftat das 17., aber noch nicht das 21. Lebensjahr vollendet, so kann das Gericht auf geminderte Strafe (Art. 83) erkennen. In diesem Falle sind auch die Vorschriften der Abs. 2 und 3 des Art. 130 anzuwenden.

Zweites Buch
Besonderer Teil

Kapitel A
Hochverrat

Artikel 134

1. Mit lebenslänglichem oder zeitigem Zuchthaus wird bestraft:

a) wer auf irgendwelche Weise versucht, den König oder den die königliche Gewalt Ausübenden seiner verfassungsmäßigen Gewalt zu berauben;

b) wer mit körperlicher Gewalt oder durch Drohung mit Gewalt versucht:

aa) eine dieser Personen an der Ausübung ihrer verfassungsmäßigen Befugnisse zu hindern oder zur Vornahme einer Handlung auf Grund ihrer Befugnisse zu nötigen;

bb) die Verfassung des Landes zu ändern, oder

cc) die rechtliche Thronfolgereihe zu ändern.

2. Wer den Mord des Königs oder des die königliche Gewalt Ausübenden versucht, wird mit dem Tode oder mit lebenslänglichem Zuchthaus bestraft.

Artikel 135

1. Wer öffentlich oder durch Verbreitung von Schriften, Abbildungen oder Darstellungen vorsätzlich zur Ausführung einer nach Art. 134 strafbaren Handlung auffordert oder aufzufordern versucht, wird mit Zuchthaus bestraft.

2. Wer mit einem anderen verabredet, eine der nach Art. 134 strafbaren Handlungen zu begehen, oder wer die Ausführung einer dieser Handlungen im Einvernehmen mit einer ausländischen Regierung vorbereitet, wird mit Zuchthaus bestraft.

3. Jede andere vorsätzliche Vorbereitungshandlung zur Ausführung einer der in Art. 134 aufgeführten Straftaten wird mit Gefängnis nicht unter 3 Monaten bestraft.

4. Ein Komplott ist, wenn zwei oder mehrere die Ausführung einer hochverräterischen Handlung verabreden oder sich gegenseitig dazu verpflichten.

Artikel 136

Im Falle des Art. 135 kann das Gericht auch auf Verlust der bürgerlichen Ehrenrechte erkennen (Art. 61) und bei Ausländern die Landesverweisung anordnen (Art. 74).

Artikel 137

Wenn der Täter in den Fällen der Art. 134 und 135 aus freien Stücken den Eintritt der durch die Tat bezweckten Folge verhindert hat, so ist er von jeder Strafe befreit.

Kapitel B

Landesverrat

Artikel 138

Anschlag auf die Integrität des Landes

1. Wer mit körperlicher Gewalt oder durch Drohung mit derselben versucht, ein zum griechischen Staat gehöriges Gebiet loszureißen oder ein zum griechischen Staat gehöriges Gebiet einem fremden Staat einzuverleiben, wird mit dem Tode bestraft.

2. Die Vorschriften der Art. 135 und 137 sind hier entsprechend anzuwenden.

Artikel 139

Verletzung des Internationalen Friedens des Landes

1. Wer mit einer ausländischen Regierung sich verständigt oder in Beziehung tritt in der Absicht, einen Krieg oder feindliche Handlungen gegen den griechischen Staat oder gegen einen seiner Bundesgenossen herbeizuführen, wird mit lebenslänglichem oder zeitigem Zuchthaus bestraft.

2. Wenn infolge der vorerwähnten Handlung ein Krieg tatsächlich ausgebrochen ist oder die feindlichen Handlungen begonnen haben, so wird der Täter mit lebenslänglichem Zuchthaus oder mit dem Tode bestraft.

Artikel 140

Wer durch feindliche, von der Regierung nicht anerkannte Handlungen oder Intrigen vorsätzlich den griechischen Staat oder einen seiner Bundesgenossen der Gefahr eines Krieges oder feindlicher Handlungen aussetzt, wird mit Zuchthaus bis zu 10 Jahren und, wenn infolge der erwähnten Handlungen der Krieg ausgebrochen oder die feindlichen Handlungen begonnen haben, mit mindestens zehnjährigem Zuchthaus bestraft.

Artikel 141

Wer vorsätzlich und durch irgendwelche Tätigkeit den griechischen Staat oder einen seiner Bundesgenossen oder die Bewohner derselben der Gefahr von Zwangsmaßregeln aussetzt oder die freundschaftlichen Beziehungen des griechischen Staates oder seiner Bundesgenossen zu einem fremden Staate gefährdet, wird mit Gefängnis von 3 Monaten bis zu 3 Jahren bestraft. Wenn die Zwangsmaßnahmen infolge der erwähnten Tätigkeit tatsächlich begonnen haben, so wird der Täter mit Gefängnis nicht unter 3 Jahren bestraft.

Artikel 142

Wer aus Fahrlässigkeit sich einer der in Art. 139—141 erwähnten Taten schuldig gemacht hat, wird in den Fällen der Art. 139 und 140 mit Gefängnis bis zu 3 Jahren und in den Fällen des Art. 141 mit Gefängnis bis zu einem Jahre bestraft.

Artikel 143

Militärdienst für den Feind

Ein Grieche, der während eines Krieges gegen den griechischen Staat in der feindlichen Kriegsmacht dient oder gegen den griechischen Staat oder dessen Bundesgenossen die Waffen trägt, wird mit dem Tode oder mit lebenslänglichem Zuchthaus bestraft.

Artikel 144

Vorschubleistung für die feindliche Kriegsmacht

1. Wer während eines ausgebrochenen oder drohenden Krieges gegen den griechischen Staat wissentlich und rechtswidrig in der Weise handelt, daß er dadurch der feindlichen Kriegsmacht Vorschub leistet oder der Kriegsmacht des griechischen Staates oder dessen Bundesgenossen Schaden zufügt, wird mit dem Tode oder mit lebenslänglichem Zuchthaus bestraft.

2. Der Ausländer, der dem Feinde Kriegsbedarf liefert oder ein Darlehen gibt, wird nicht bestraft, es sei denn, daß er in der Zeit der Begehung der Tat in Griechenland oder in einem von Griechenland besetzten Gebiet wohnhaft war, oder wenn die Lieferung für den Feind aus diesem Gebiete stammt.

3. Wer im Staatsgebiet, das während eines Krieges sich unter feindlicher Besatzung oder Invasion befindet, die politischen Aussichten des Feindes begünstigt oder wissentlich sich in der Weise betätigt, daß der Glaube der Bürger an den griechischen Staat erschüttert werden kann, wird mit lebenslänglichem oder zeitigem Zuchthaus bestraft.

Artikel 145

Nichterfüllung von Verträgen

1. Wer während eines ausgebrochenen oder drohenden Krieges gegen den griechischen Staat es unterläßt, einen Vertrag über die Bedürfnisse der Kriegsmacht des griechischen Staates oder dessen Bundesgenossen ganz oder zum Teil zu erfüllen, wird mit Gefängnis bestraft. Beruht die Unterlassung auf Fahrlässigkeit, so ist die Strafe Gefängnis bis zu 2 Jahren.

2. Diese Straftaten werden nur auf Antrag des Justizministers bestraft.

Artikel 146

Verrat von Staatsgeheimnissen

1. Wer vorsätzlich und rechtswidrig Schriften, Zeichnungen oder andere Gegenstände oder Nachrichten, deren Geheimhaltung vor einer anderen Regierung für die Interessen des griechischen Staates und dessen Bundesgenossen erforderlich ist, einem anderen übergibt oder an einen anderen gelangen läßt, wird mit Zuchthaus bis zu 10 Jahren bestraft.

2. Während der Kriegszeit wird der Täter mit lebenslänglichem oder zeitigem Zuchthaus nicht unter 10 Jahren bestraft.

Artikel 147

Sind jemandem Schriften, Zeichnungen, Gegenstände oder Nachrichten dienstlich anvertraut oder kraft seines öffentlichen Amtes zugänglich oder kraft Auftrags einer Behörde zugänglich gewesen, oder hat er infolge eines im Art. 145 erwähnten Vertrags von ihnen Kenntnis genommen, so wird er, wenn er aus Fahrlässigkeit sich einer der im vorstehenden Artikel angeführten Straftaten schuldig macht, mit Gefängnis bis zu 3 Jahren bestraft.

Artikel 148

Ausspähung von Staatsgeheimnissen

1. Wer vorsätzlich und rechtswidrig Kenntnis oder Besitz von Nachrichten oder Gegenständen der in Art. 146 erwähnten Art erlangt, wird mit Gefängnis nicht unter einem Jahr bestraft.

2. Hat der Schuldige jedoch in der Absicht gehandelt, die oben erwähnten Gegenstände oder Nachrichten zum Zwecke der weiteren Übertragung oder Mitteilung zu gebrauchen und dadurch das Interesse, insbesondere die Sicherheit des Staates oder seiner Bundesgenossen gefährdet, so wird er mit Zuchthaus und in Kriegszeit mit lebenslänglichem Zuchthaus oder mit dem Tode bestraft.

Artikel 149

1. Wer:

a) unbefugt Abbildungen oder Pläne von Festungen, Schiffen, Straßen, Anstalten oder anderen militärischen Anlagen oder Werken anfertigt, oder

b) zu diesem Zwecke durch List und Täuschung sich Eintritt zu diesen, dem Publikum untersagten Orten verschafft, wird mit Gefängnis bis zu 2 Jahren bestraft, wenn die Tat nicht nach einer besonderen Vorschrift schwerer zu bestrafen ist.

2. Wer sich durch List oder Täuschung zu diesen Plätzen Eintritt verschafft, wird wegen dieser Verbotsverletzung allein mit Gefängnis bis zu 6 Monaten bestraft.

Artikel 150

Verfälschung von Beweismitteln

Wer vorsätzlich Schriften oder andere Gegenstände, die zum Beweis von Ansprüchen oder zur Verteidigung von Interessen des griechischen Staates oder dessen Bundesgenossen gegen einen anderen Staat dienen können, verfälscht, vernichtet oder unterdrückt, wird mit Zuchthaus bestraft.

Artikel 151

Landesverräterische Untreue

Wer als Beaufragter des griechischen Staates oder dessen Bundesgenossen ein Staatsgeschäft mit einer anderen Regierung wissentlich in der Weise führt, daß seinem Auftraggeber ein Nachteil erwachsen kann, wird mit Zuchthaus bestraft.

Artikel 152

Allgemeine Vorschrift

In den Fällen der Art. 142, 145, 147, 148 und 149 kann das Gericht neben der Gefängnisstrafe auf Verlust der in Art. 63 Ziff. 1 erwähnten Würden und Ämter erkennen.

Kapitel C

Straftaten gegen fremde Staaten

Artikel 153

Angriff gegen einen fremden Staat und sein Oberhaupt

1. a) Wer gegen einen mit Griechenland in Frieden befindlichen und von ihm anerkannten Staat eine der in den Art. 134 und 135 angeführten Straftaten begeht, und

b) wer gegen das Oberhaupt eines solchen Staates vorsätzlich Gewalttaten begeht oder zu begehen versucht, ferner wer sonst öffentlich dessen Ehre verletzt,

wird, soweit die Tat nicht nach einer anderen Vorschrift schwerer zu bestrafen ist, mit Gefängnis bestraft, wenn die Gegenseitigkeit sowohl zur Zeit der Tatausführung als zur Zeit der Aburteilung gewährleistet ist.

2. Wer gegen das Oberhaupt eines solchen Staates während des Aufenthalts in Griechenland und auf griechischem Boden einer der im Abs. 1 Ziff. b erwähnten Straftat sich schuldig macht, wird ohne Rücksicht auf die Gegenseitigkeit bestraft; er wird von Amts wegen verfolgt, wenn er eine Gewalttat ausgeführt oder auszuführen versucht hat.

3. Die in diesem Artikel erwähnten Ehrverletzungen verjähren nach 6 Monaten. Eine Beweisführung ist nicht erlaubt.

4. Im Falle des Abs. 1 Ziff. a dieses Artikels ist die Vorschrift des Art. 137 anzuwenden.

Artikel 154
Ehrverletzung diplomatischer Vertreter

Wer gegen einen bei der griechischen Regierung beglaubigten Gesandten oder einen anderen diplomatischen Vertreter eines fremden Staates sich einer der im vorstehenden Artikel Abs. 1 Ziff. b) erwähnten Straftaten schuldig macht, wird mit Gefängnis bis zu 2 Jahren bestraft, sofern die Tat nicht nach einer anderen Vorschrift schwerer zu bestrafen ist. Die Verfolgung tritt nur auf Antrag des Verletzten oder seiner Regierung ein.

Artikel 155
Beschimpfung von Hoheitszeichen

Mit Gefängnis bis zu 6 Monaten oder mit Geldstrafe wird bestraft, wer öffentlich zum Ausdruck des Hasses oder der Verachtung ein Wappen oder ein Hoheitszeichen eines mit Griechenland im Frieden befindlichen und von ihm anerkannten fremden Staates wegnimmt, beschädigt oder eine beleidigende Handlung daran verübt. Die Verfolgung tritt nur auf Antrag der ausländischen Regierung und bei gewährleisteter Gegenseitigkeit sowohl zur Zeit der Ausführung als auch der Aburteilung der Tat ein.

Artikel 156
Verletzung der Neutralität

Mit Gefängnis oder mit Geldstrafe wird bestraft, wer ein Verbot verletzt, das von der Regierung zum Zwecke der Erhaltung der Neutralität während eines Krieges erlassen und im Landesgesetzblatt veröffentlicht ist. Die Verfolgung tritt nur auf Antrag des Justizministers ein.

Kapitel D
Straftaten, die gegen die freie Ausübung staatsbürgerlicher Rechte gerichtet sind

I. Straftaten gegen politische Körperschaften

Artikel 157
Gewalt gegen eine politische Körperschaft

1. Wer mit Gewalt oder durch Drohung mit Gewalt den Landtag oder ein Mitglied des Landtags zu einer sich auf ihre Pflichten beziehenden Handlung oder Unterlassung nötigt, wird mit Zuchthaus bis zu 10 Jahren bestraft.

2. Wer eine dieser Taten gegen einen Präfekturrat oder einen städtischen oder kommunalen Rat oder gegen ein Mitglied desselben begeht, wird mit Gefängnis bis zu 3 Jahren bestraft.

3. Wer öffentlich den Landtag beschimpft, wird mit Gefängnis bis zu 3 Jahren bestraft. Wenn die Beschimpfung einen der oben erwähnten Räte betrifft, so ist auf Gefängnis bis zu 2 Jahren zu erkennen. Die Verfolgung tritt auf Antrag des Landtags oder des Rates ein.

4. Das Gericht kann neben der Strafe auf Verlust der in Art. 63 Ziff. 1 aufgeführten Würden und Ämter erkennen.

Artikel 158

Fälschung einer Wahl oder Abstimmung

1. Wer auf irgendwelche Weise vorsätzlich ein unrichtiges Ergebnis bei einer Wahl oder Abstimmung im Landtag oder in einer seiner Kommissionen herbeiführt, oder wer das echte Ergebnis verfälscht, wird mit Gefängnis bis zu 2 Jahren bestraft.

2. Wer eine dieser Taten gegen einen Präfekturrat oder einen städischen oder kommunalen Rat oder einen Rat der regionalen Selbstverwaltung begeht, wird mit Gefängnis bis zu einem Jahre bestraft.

3. Das Gericht kann neben der Strafe auf Verlust der in Art. 63 Ziff. 1 angeführten Würden und Ämter erkennen.

Artikel 159

Bestechung

1. Wer in Beziehung auf eine Wahl oder Abstimmung im Landtag oder in einer seiner Kommissionen einem Abgeordneten Geschenke oder andere ihm nicht gebührende Vorteile zu dem Zwecke vorschlägt, gibt oder verspricht, daß er an einer Wahl oder Abstimmung nicht teilnimmt oder in einem bestimmten Sinne stimmt, wird mit Gefängnis bis zu 2 Jahren und mit Geldstrafe bestraft.

2. Der Abgeordnete, der in Beziehung auf die in Abs. 1 erwähnten Wahlen oder Abstimmungen sich mit der Hergabe oder dem Versprechen von Geschenken oder anderen, ihm nicht gebührenden Vorteilen einverstanden erklärt oder solche als Gegenleistung für die Nichtteilnahme oder das Stimmen in einem bestimmten Sinne fordert, wird mit Gefängnis und mit Geldstrafe bestraft.

3. Wer in Beziehung auf eine Wahl oder Abstimmung einem Mitglied des Präfekturrats oder eines städtischen oder Kommunalrats oder eines Rates der regionalen Selbstverwaltung oder einer ihrer Kommissionen Geschenke oder andere ihm nicht gebührende Vorteile zu dem Zwecke vorschlägt, gibt oder verspricht, daß das Mitglied an einer Wahl oder Abstimmung nicht teilnimmt oder in einem bestimmten Sinne stimmt, wird mit Gefängnis bis zu einem Jahre und mit Geldstrafe bestraft.

4. Das Mitglied eines obenerwähnten Rates, das in Beziehung auf eine der in Abs. 3 aufgeführten Wahl oder Abstimmung sich mit der Hergabe oder dem Versprechen von Geschenken oder anderen ihm nicht gebührenden Vorteilen einverstanden erklärt oder solche als Gegenleistung dafür fordert, daß es an einer Wahl oder Abstimmlng nicht teilnimmt oder in einem bestimmten Sinne stimmt, wird mit Gefängnis bis zu einem Jahre und mit Geldstrafe bestraft.

5. Das Gericht kann neben den Strafen auch auf Verlust der in Art. 63 Abs. 1 erwähnten Würden und Ämter erkennen.

Artikel 160

Störung der Sitzung

1. Wer vorsätzlich die Abhaltung der Sitzung des Landstags oder dessen Kommission hindert oder sie durch Erregung von Lärm oder Unordnung oder in sonstiger Weise stört, wird mit Gefängnis bis zu 3 Jahren bestraft.

2. Wer in der vorerwähnten Weise vorsätzlich die Abhaltung einer Sitzung eines Präfekturrats oder eines städtischen oder Kommunalrats oder eines Rates der regionalen Selbstverwaltung oder dessen Kommission hindert. oder stört, wird mit Gefängnis bis zu einem Jahre oder mit Geldstrafe bestraft.

II. Straftaten bei Wahlen

Artikel 161

Gewalt gegen Wähler

Wer mit Gewalt oder durch Drohung mit Gewalt einen Wähler zur Ausübung seines Wahlrechts nötigt oder an der Ausübung hindert oder zur Wahl für oder gegen einen Kandidaten bei einer Abgeordnetenwahl oder bei einer Wahl von Präfektur-, städtischen oder kommunalen Behörden nötigt, wird mit Gefängnis bestraft.

Das Gericht kann auch auf Verlust der in Art. 63 Ziff. 1 erwähnten Würden und Ämter erkennen.

Artikel 162

Täuschung der Wähler

Wer durch falsche Nachrichten oder verleumderische Gerüchte in bezug auf die Person eines Kandidaten oder auf irgendeine andere Weise einen Wähler täuscht. damit dieser die Ausübung seines Wahlrechts unterläßt oder seine Meinung über die Wahl bei einer der in Art. 161 erwähnten Wahlen ändert, wird mit Gefängnis bis zu 2 Jahren und mit Geldstrafe bestraft.

Artikel 163

Verletzung des Abstimmgeheimnisses

Wer bei einer geheimen Wahl auf irgendeine Weise sich oder einem Dritten Kenntnis von der Stimmentscheidung eines Wählers verschafft, wird mit Gefängnis bis zu einem Jahre bestraft.

Artikel 164

Fälschung bei einer Wahl

1. Wer, ohne das Wahlrecht zu haben, in einer der in Art. 161 angeführten Wahlen stimmt oder wiederholt wählt oder mehrmals stimmt oder auf sonstige Weise ein unrichtiges Wahlergebnis herbeiführt, ferner wer das richtige Wahlergebnis fälscht, wird mit Gefängnis bis zu 2 Jahren bestraft. Wenn der Schuldige bei der Wahl einen Dienst ausübte, so wird er mit Gefängnis bis zu 3 Jahren bestraft.

2. Der letzte Satz des Art. 161 ist auch hier anzuwenden.

Artikel 165

Bestechung bei Wahlen

1. Wer in Beziehung auf eine der in Art. 161 erwähnten Wahlen von ihrer Verkündung bis zum Ende der Abstimmung einem Wähler Geschenke oder andere nicht zustehende Vorteile vorschlägt, gibt oder als Gegenleistung dafür verspricht, daß der Wähler an der Wahl nicht teil-

nimmt oder in einem bestimmten Sinne stimmt, wird mit Gefängnis bis zu 2 Jahren und mit Geldstrafe bestraft.

Der letzte Satz des Art. 161 ist auch hier anzuwenden.

2. Mit Gefängnis bis zu 2 Jahren und mit Geldstrafe wird derjenige Wähler bestraft, der in Beziehung auf eine der in Art. 161 erwähnten Wahlen und während des oben erwähnten Zeitraums sich mit der Hergabe oder dem Versprechen von Geschenken oder anderen ihm nicht gebührenden Vorteilen einverstanden erklärt oder solche als Gegenleistung dafür fordert, daß er die Ausübung seines Wahlrechts unterläßt oder in einem bestimmten Sinne stimmt.

Artikel 166

Störung der Wahl

Wer vorsätzlich die Durchführung einer der im Art. 161 erwähnten Wahlen hindert oder sie durch Erregung von Lärm oder Unordnung oder in sonstiger Weise stört, wird mit Gefängnis bis zu einem Jahre bestraft.

Kapitel E

Auflehnung gegen die Staatsgewalt

Artikel 167

Widerstand gegen die Staatsgewalt

1. Wer mit Gewalt oder durch Drohung mit Gewalt eine Behörde oder einen Beamten zur Vornahme einer in seinen Pflichtenkreis gehörenden Handlung oder zur Unterlassung einer rechtmäßigen Handlung nötigt, ferner wer tätlich einen Beamten oder eine Person, die von diesem zur Unterstützung während der Ausführung der rechtmäßigen Handlung zugezogen ist, angreift, wird mit Gefängnis von 3 Monaten bis zu 3 Jahren bestraft. Dieselben Strafen sind anzuwenden, wenn die vorerwähnten Taten gegen Angehörige der Wehrmacht ausgeführt werden.

2. Hat der Beamte wegen der gegen ihn verübten Tat sich in ernster persönlicher Gefahr befunden, so wird auf Gefängnis von mindestens einem Jahr erkannt, soweit die Tat nicht nach einer anderen Vorschrift schwerer zu bestrafen ist.

Artikel 168

Verletzungen des Königs oder des Thronfolgers

1. Wer die Person des Königs, der Königin, des Thronfolgers oder des die königliche Gewalt Ausübenden tätlich angreift, wird mit Zuchthaus bestraft.

2. Wer die Ehre des Königs, der Königin, des Thronfolgers oder des die königliche Gewalt Ausübenden verletzt oder dieselben öffentlich oder in ihrer Anwesenheit verleumdet, wird mit Gefängnis nicht unter 3 Monaten bestraft.

3. Die Strafbarkeit der in Abs. 1 und 2 angeführten Straftaten verjährt in 6 Monaten.

Artikel 169

Ungehorsam

Mit Gefängnis bis zu 6 Monaten wird bestraft, wer nach vorausgegangener rechtmäßiger Aufforderung und ohne Widerstand zu leisten einem der in Art. 13 Abs. a) genannten Beamten den ihm obliegenden Dienst oder Hilfe oder den Zutritt zu irgendeiner Örtlichkeit zwecks Vornahme einer rechtmäßigen Diensthandlung verweigert.

Artikel 170

Landfriedensbruch

1. Wer vorsätzlich sich an der öffentlichen Zusammenrottung einer Menschenmenge beteiligt hat, die mit vereinten Kräften eine im Art. 167 erwähnte Tat verübt, wird mit Gefängnis nicht unter 6 Monaten bestraft.

2. Die Rädelsführer, sowie diejenigen, die Gewalt oder Drohung mit Gewalt übten oder tätliche Angriffe ausführten, sind mit Gefängnis von mindestens 2 Jahren zu bestrafen, soweit die Tat nicht nach einer anderen Vorschrift schwerer zu bestrafen ist.

Artikel 171

Auflauf

1. Wer an einer von der zuständigen Behörde rechtmäßig verbotenen öffentlichen Versammlung unter freiem Himmel teilnimmt, wird mit Gefängnis bis zu 6 Monaten oder mit Geldstrafe bestraft.

2. Wenn die unter freiem Himmel versammelte Menschenmenge durch den zuständigen Beamten oder militärischen Befehlshaber aufgefordert wird, auseinanderzugehen, so wird jeder, der sich aus der Menschenmenge nach dreimaliger Aufforderung nicht entfernt, mit Gefängnis bis zu einem Jahr oder mit Geldstrafe bestraft.

Artikel 172

Gefangenenbefreiung

1. Wer vorsätzlich einen Gefangenen oder einen kraft behördlichen Befehls Verhafteten befreit, wird mit Gefängnis nicht unter 3 Monaten bestraft.

2. Wer sich aus Fahrlässigkeit einer dieser Taten schudig macht, wird mit Gefängnis bis zu einem Jahre oder mit Geldstrafe bestraft, wenn er aus irgendeinem Grunde zur Bewachung des Entwichenen verpflichtet war. Er bleibt straflos, wenn durch seine Bemühungen der Gefangene innerhalb 15 Tagen wieder verhaftet wird.

Artikel 173

Entweichen von Gefangenen

1. Entweicht ein Gefangener oder ein kraft behördlichen Befehls Verhafteter, so wird er mit Gefängnis bis zu einem Jahre bestraft. Diese Strafe wird nach dem Vollzug der erkannten oder zu erkennenden Strafe für die Tat, wegen welcher der Entwichene gefangen gehalten wurde, in vollem Umfange vollstreckt.

2. Jeder Teilnehmer an dem Entweichen wird mit Gefängnis bestraft.

Artikel 174

Gefangenenmeuterei

1. Gefangene oder andere kraft behördlichen Befehls Verhaftete, die mit vereinten Kräften

a) mit Gewalt auszubrechen versuchen,
b) tätlich die Beamten des Gefängnisses oder des Polizeigefängnisses oder die Personen, welchen die Bewachung oder die Aufsicht anvertraut ist, angreifen,
c) mit Gewalt oder durch Drohung mit Gewalt eine dieser Personen zu einer Handlung oder Unterlassung nötigen,

werden mit Gefängnis nicht unter 6 Monaten bestraft.

2. Wer einen tätlichen Angriff gegen eine der obenerwähnten Personen ausführt, wird mit Gefängnis nicht unter 2 Jahren bestraft.

3. Diese Strafen sind nach dem Vollzug der erkannten oder zu erkennenden Strafe für die Tat, wegen welcher der Schuldige gefangen gehalten wird, in vollem Umfang zu vollstrecken.

Artikel 175

Amtsanmaßung

1. Wer vorsätzlich sich ein öffentliches, städtisches oder kommunales Amt anmaßt, wird mit Gefängnis bis zu einem Jahre oder mit Geldstrafe bestraft.

2. Diese Vorschrift ist auch auf die Anmaßung der Ausübung der Rechtsanwaltstätigkeit sowie auf die Anmaßung der Ausübung des Priesterdienstes der orthodoxen Kirche oder einer anderen in Griechenland zugelassenen Religionsgemeinschaft anzuwenden.

Artikel 176

Wer unbefugt und öffentlich die Uniform oder ein anderes Abzeichen eines öffentlichen, städtischen oder kommunalen Beamten oder eines in Abs. 2 des Art. 175 erwähnten Priesters trägt, ferner wer einen Orden oder eine Würde unbefugt trägt, wird mit Gefängnis bis zu 6 Monaten oder mit Geldstrafe bestraft.

Artikel 177

Verstrickungsbruch

Wer eine Sache, die amtlich gepfändet oder in Beschlag genommen ist, zerstört, beschädigt oder beiseite schafft, wird mit Gefängnis bis zu 2 Jahren bestraft.

Artikel 178

Siegelbruch

Wer vorsätzlich und unbefugt ein Siegel, das von einer Behörde angelegt war, um Sachen in Beschlag zu nehmen oder um Sachen oder Schriftstücke amtlich zu verschließen, oder ihre Echtheit zu bestätigen, beschädigt oder ablöst, oder wer den durch ein solches Siegel bewirkten Verschluß auf irgendwelche Weise unwirksam macht, wird mit Gefängnis bis zu 2 Jahren bestraft.

Artikel 179

Verwahrungsbruch

Wer vorsätzlich Schriftstücke oder andere bewegliche Sachen, die sich in amtlicher Verwahrung befinden oder einem anderen amtlich in

Verwahrung gegeben worden sind, zerstört, beschädigt oder der amtlichen Verfügung auf irgendwelche Weise entzieht, wird mit Gefängnis bis zu 3 Jahren bestraft.

Artikel 180

Verletzung amtlicher Bekanntmachungen

Mit Gefängnis bis zu einem Jahre wird bestraft, wer vorsätzlich und unbefugt die amtlichen Bekanntmachungen, die öffentlich von der Behörde angeschlagen oder ausgelegt sind, beseitigt, beschädigt oder unkenntlich macht.

Artikel 181

Beschimpfung der Behörde und der Hoheitszeichen

1. Mit Gefängnis bis zu 3 Jahren wird bestraft, wer eine öffentliche, städtische oder kommunale Behörde öffentlich beschimpft.

2. Mit Gefängnis bis zu 2 Jahren wird bestraft, wer ein Hoheitszeichen oder -Symbol des Staates, des Königs oder andere Zeichen der königlichen Würde öffentlich beschimpft oder zum Ausdruck des Hasses oder der Verachtung beiseite schafft, beschädigt oder unkenntlich macht.

Artikel 182

Verletzung der Aufenthaltsbeschränkung

Mit Gefängnis bis zu 6 Monaten wird bestraft, wer die ihm gesetzlich auferlegte Beschränkung hinsichtlich der Freiheit des Aufenthalts und die diesbezüglichen Verpflichtungen verletzt.

Kapitel F

Störung der öffentlichen Ordnung

Artikel 183

Auflehnung

Wer öffentlich auf irgendwelche Weise zum Ungehorsam gegen ein Gesetz, eine Verordnung oder eine andere rechtmäßige Anordnung der Behörde auffordert oder sich dagegen auflehnt, wird mit Gefängnis bis zu 3 Jahren bestraft.

Artikel 184

Wer öffentlich auf irgendwelche Weise zur Begehung eines Verbrechens oder Vergehens auffordert oder veranlaßt, wird mit Gefängnis bis zu 3 Jahren bestraft.

Artikel 185

Wer öffentlich auf irgendwelche Weise ein begangenes Verbrechen lobt und dadurch die öffentliche Ordnung gefährdet, wird mit Gefängnis bis zu 3 Jahren bestraft.

Artikel 186

Aufforderung und Annahme der Aufforderung zur Begehung eines Verbrechens

1. Wer jemanden zur Begehung eines Verbrechens auffordert oder auf irgendwelche Weise anreizt, ferner wer sich für ein Verbrechen zur Ver-

fügung stellt oder mit der Aufforderung oder dem Anerbieten sich einverstanden erklärt, wird mit Gefängnis nicht unter 3 Jahren bestraft.

2. Diese Strafe wird auferlegt, sobald die Tat nicht nach einer anderen Vorschrift schwerer zu bestrafen ist.

3. Die obenerwähnten Taten können straflos bleiben, wenn der Täter aus freien Stücken die Aufforderung, das Anerbieten oder das Einverständnis zurückgenommen hat.

Artikel 187

Komplott und Bande

1. Wer mit einem anderen die Begehung eines bestimmten Verbrechens beschließt, oder wer die Begehung mehrerer nicht ausdrücklich bestimmter Verbrechen verabredet, wird mit Gefängnis nicht unter 6 Monaten bestraft.

2. Von dieser Strafe ist befreit, wer durch Anzeige an die Behörde die Verhinderung der Ausführung eines bestimmten Verbrechens ermöglicht.

Artikel 188

Teilnahme an verbotenen Verbindungen

Wer an einer Verbindung teilnimmt, deren Zweck den strafrechtlichen Vorschriften zuwiderläuft, wird mit Gefängnis bis zu 3 Jahren bestraft.

Artikel 189

Auflauf

1. Wer an der öffentlichen Ansammlung einer Menschenmenge teilnimmt, die mit vereinten Kräften Gewalttätigkeiten gegen Personen oder Sachen verübt oder in fremde Häuser, Wohnhäuser oder andere unbewegliche Sachen rechtswidrig einbricht, wird mit Gefängnis bis zu 2 Jahren bestraft.

2. Die Rädelsführer sowie diejenigen, welche Gewalttätigkeiten begangen haben, werden mit Gefängnis nicht unter 3 Monaten bestraft.

3. Diese Strafen werden auferlegt, soweit die Tat nicht nach einer anderen Vorschrift schwerer zu bestrafen ist.

Artikel 190

Landzwang

Wer durch Androhung von Verbrechen oder Vergehen die Bevölkerung in Angst oder Schrecken versetzt, wird mit Gefängnis bis zu 2 Jahren bestraft.

Artikel 191

Mit Gefängnis bis zu einem Jahre oder mit Geldstrafe wird bestraft, wer auf irgendwelche Weise wissentlich falsche Nachrichten oder Gerüchte verbreitet, welche Unruhe oder Angst bei der Bevölkerung hervorrufen oder das öffentliche Kreditwesen stören oder das Vertrauen in das nationale Geldwesen oder die Wehrmacht des Landes erschüttern können.

Artikel 192

Wer öffentlich auf irgendwelche Weise die Volksgenossen zu gegenseitigem Haß oder gegenseitigen Gewalttätigkeiten anreizt oder auffordert und dadurch den öffentlichen Frieden stört, wird mit Gefängnis bis zu 2 Jahren bestraft, soweit nicht nach einer anderen Vorschrift auf schwerere Strafe zu erkennen ist.

Artikel 193

In verschuldetem Rausch begangene Straftaten

1. Wer sich, außer den Fällen des Art. 35, vorsätzlich oder fahrlässig in einen Rauschzustand versetzt, welcher die Zurechnungsfähigkeit nach Art. 34 ausschließt, und in diesem Zustand eine Tat begeht, die ihm sonst als Verbrechen oder Vergehen zugerechnet werden könnte, wird, wenn die Tat ein Vergehen ist, mit Gefängnis bis zu 6 Monaten, wenn die Tat ein Verbrechen ist, mit Gefängnis bis zu 2 Jahren bestraft.

2. Ist die Tat ein Antragsdelikt, so tritt die Strafverfolgung nur auf Antrag ein.

Artikel 194

Aufruf zur Sammlung für die Tilgung von Geldstrafen

Wer zum Zwecke der Mißbilligung eines gerichtlichen Urteils, durch welches Geldstrafe oder Schadenersatz oder Gerichtskosten auferlegt sind, zu deren Tilgung zur Geldsammlung aufruft oder die Namen derjenigen, die zu diesem Zwecke spenden, öffentlich mitteilt, wird mit Gefängnis bis zu 6 Monaten oder mit Geldstrafe bestraft.

Artikel 195

Bewaffneter Haufen

Wer unbefugter Weise einen bewaffneten Haufen, der nicht von der Begehung von Straftaten absieht, bildet, mit Munition ausrüstet oder dessen Führung annimmt, ferner wer an einem solchen Haufen teilnimmt, wird mit Gefängnis nicht unter 3 Monaten bestraft.

Artikel 196

Mißbrauch eines religiösen Amtes

Ein Religionsdiener, welcher in Ausübung seines Amtes oder öffentlich und kraft seiner Eigenschaft die Volksgenossen zur Feindseligkeit gegen die Staatsgewalt oder untereinander anreizt, wird mit Gefängnis bis zu 3 Jahren bestraft.

Artikel 197

Störung der Sitzungen

1. Wer, ohne den Landfrieden zu stören, unbefugt Sitzungen einer dienstlichen, vom Gesetz gebildeten Kommission, die zur Ausführung öffentlicher Angelegenheiten berufen ist, oder die Sitzungen eines vom Gesetz anerkannten Vereins oder dessen Verwaltungsrats oder der Verwaltungsräte einer Körperschaft oder Stiftung hindert, oder wer durch Erregung von Lärm oder Unordnung oder in sonstiger Weise stört, wird mit Gefängnis bis zu 6 Monaten oder mit Geldstrafe bestraft.

2. Wenn die Tat in einer Gerichtssitzung begangen ist, so wird auf Gefängnis nicht unter 3 Monaten erkannt.

Kapitel G

Störung des religiösen Friedens

Artikel 198

Böswillige Beschimpfung

1. Mit Gefängnis bis zu 2 Jahren wird bestraft, wer öffentlich und böswillig in irgendeiner Weise Gott beschimpft.

2. Wer, außer dem Falle des Abs. 1, öffentlich durch Beschimpfungen mangelnde Achtung vor dem Göttlichen äußert, wird mit Gefängnis bis zu 3 Monaten bestraft.

Artikel 199

Beschimpfung einer Religionsgesellschaft

Wer öffentlich und böswillig in irgendeiner Weise die griechisch-katholische Kirche oder eine andere in Griechenland geduldete Religionsgesellschaft beschimpft, wird mit Gefängnis bis zu 2 Jahren bestraft.

Artikel 200

Störung religiöser Versammlungen

1. Wer böswillig eine von der Verfassung geduldete religiöse Versammlung am Gottesdienst oder an einer religiösen Feier zu verhindern versucht oder vorsätzlich stört, wird mit Gefängnis bis zu 2 Jahren bestraft.

2. Mit derselben Strafe wird bestraft, wer in einer Kirche oder an einem für geduldete religiöse Versammlungen bestimmten Ort beschimpfenden Unfug verübt.

Artikel 201

Beschimpfung von Toten

Wer einen Leichnam oder die Asche eines Verstorbenen aus dem Gewahrsam der Berechtigten wegnimmt, oder wer an der Leiche, an Leichenteilen oder an der Beisetzungsstätte beschimpfenden Unfug verübt, wird mit Gefängnis bis zu 2 Jahren bestraft.

Kapitel H

Straftaten, die sich auf den militärischen Dienst oder die Militärpflicht beziehen

Artikel 202

Aufwiegelung der Militärpflichtigen

1. Wer in irgendeiner Weise eine Person, die in der Wehrmacht dient, vorsätzlich zu einer Pflichtverletzung auffordert oder verleitet, wird mit Gefängnis bis zu 3 Jahren bestraft.

2. Mit derselben Strafe wird bestraft, wer eine Person, die wehrpflichtig ist, bei Einberufung zur Wehrmacht auffordert oder verleitet, der Einberufung nicht zu folgen.

3. Wer die in den vorstehenden Abs. 1 und 2 angeführten Taten während eines Krieges, eines bewaffneten Aufstandes oder einer allgemeinen Mobilmachung begeht, wird mit Zuchthaus bis zu 10 Jahren bestraft.

Artikel 203

Herbeiführung der Wehrdienstunfähigkeit

1. Wer sich vorsätzlich und zwecks Nichterfüllung der Wehrpflicht durch Verstümmelung, die er selbst ausführt oder von einem anderen ausführen läßt, oder in sonstiger Weise ganz oder zum Teil, zeitig oder für dauernd untauglich für den Militärdienst macht, wird mit Gefängnis bis zu 2 Jahren bestraft; das Gericht kann auch auf Verlust der bürgerlichen Ehrenrechte erkennen.

2. Mit derselben Gefängnisstrafe und mit Geldstrafe wird bestraft, wer einen anderen auf dessen Verlangen vorsätzlich wehrdienstuntauglich macht, soweit die Tat nicht nach einer anderen Vorschrift schwerer zu bestrafen ist.

3. Wer die vorstehenden Taten während eines Krieges, bewaffneten Aufstands oder einer allgemeinen Mobilmachung begeht, wird mit Zuchthaus bis zu 10 Jahren bestraft, soweit die Tat nicht nach einer anderen Vorschrift schwerer zu bestrafen ist.

Artikel 204

Täuschung zum Zwecke der Wehrpflichtentziehung

Wer zur Täuschung Mittel anwendet, um sich oder einen anderen der Erfüllung der Wehrpflicht ganz oder zum Teil, zeitig oder dauernd zu entziehen, wird mit Gefängnis bis zu einem Jahr bestraft, soweit die Tat nicht nach einer anderen Vorschrift schwerer zu bestrafen ist; das Gericht kann auch auf Verlust der bürgerlichen Ehrenrechte erkennen.

Artikel 205

Gesetzwidrige Auswanderung

1. Wer ohne Erlaubnis in das Ausland auswandert, um sich der Wehrpflicht zu entziehen, ferner wer sich im Ausland befindet und nicht rechtzeitig zur Erfüllung der Militärpflicht erscheint, wird mit Gefängnis bis zu einem Jahre und mit Geldstrafe bestraft, soweit die Tat nicht nach einer anderen Vorschrift schwerer zu bestrafen ist.

2. Wer ohne die von den Konskriptionsgesetzen vorgeschriebene Erlaubnis auswandert, wird mit Gefängnis bis zu 6 Monaten oder mit Geldstrafe bestraft.

Artikel 206

Anwerbung für einen fremden Staat

Wer einen Griechen zum Heeresdienst für einen fremden Staat anwirbt, ferner wer in irgendeiner Weise dazu Hilfe leistet, wird mit Gefängnis bestraft.

Kapitel I

Falschmünzerei

Artikel 207

Geldfälschung

Wer griechisches oder ausländisches Metall- oder Papiergeld in der Absicht fälscht oder verfälscht, es als echt in Verkehr zu bringen, ferner wer zu diesem Zweck sich solches Geld verschafft, wird mit Zuchthaus und mit Geldstrafe und bei besonderen mildernden Umständen mit Gefängnis nicht unter drei Monaten und mit Geldstrafe bestraft.

Artikel 208

Weitergabe falschen Geldes

1. Wer vorsätzlich falsches oder verfälschtes Metall- oder Papiergeld als echtes in Verkehr bringt, wird mit Zuchthaus und mit Geldstrafe und in besonders leichten Fällen mit Gefängnis nicht unter 3 Monaten und mit Geldstrafe bestraft.

2. Hat jedoch der Schuldige oder sein Vertreter dieses Geld als echtes angenommen, so wird auf Gefängnis bis zu 6 Monaten oder auf Geldstrafe erkannt. Dieselbe Geldstrafe wird verhängt, wenn der Schuldige im Auftrag dessen, dem das Geld als echtes gegeben worden ist, gehandelt hat und zum Auftraggeber in einem Abhängigkeitsverhältnis steht oder dessen Hausstand angehört.

Artikel 209

Münzverringerung

Wer den inneren Wert von Metallgeld durch Beschneiden, durch Bohren, Abfeilen oder auf andere Art in der Absicht verringert, es als vollgültig in Verkehr zu bringen, ferner wer zu diesem Zweck sich verringertes Geld verschafft, wird mit Gefängnis nicht unter 3 Monaten und mit Geldstrafe bestraft.

Artikel 210

Weitergabe verringerten Geldes

1. Wer vorsätzlich verringertes Geld als vollgültig in Verkehr bringt, wird mit Gefängnis nicht unter 3 Monaten und mit Geldstrafe bestraft.

2. Hat jedoch der Schuldige oder sein Vertreter dieses Geld als echtes angenommen, so ist auf Gefängnis bis zu 6 Monaten und auf Geldstrafe zu erkennen. Dieselbe Strafe wird verhängt, wenn der Schuldige im Auftrag dessen, dem das Geld als echtes gegeben worden ist, gehandelt hat und zum Auftraggeber in einem Abhängigkeitsverhältnis steht oder dessen Hausstand angehört.

Artikel 211

Vorbereitungshandlungen

Wer zur Ausführung einer der in Art. 207 und 209 bestimmten Straftaten eine Vorbereitungshandlung vornimmt oder sonst irgendwelche Mittel, Formen oder Geräte sich verschafft, wird mit Gefängnis bis zu 3 Jahren und mit Geldstrafe bestraft.

Artikel 212

Völlig straffrei ist, wer in den Fällen des vorstehenden Artikels aus freien Stücken die dort erwähnten Gegenstände vor einer Benutzung zerstört.

Artikel 213

Einziehung

1. Auf die Einziehung des falchen oder verringerten Geldes der in Art. 211 bezeichneten Gegenständen ist zu erkennen, auch wenn die Ver-

folgung oder Verurteilung einer bestimmten Person nicht stattfindet und gleichgültig, ob diese dem Täter oder einem Teilnehmer der Geldfäschung oder -verringerung gehören.

2. Hat jedoch der Eigentümer des Geldes oder des Materials, aus dem das falsche Geld hergestellt ist, nicht an der Geldfälschung oder der Verringerung teilgenommen, so wird das Geld als solches unbrauchbar gemacht und sodann dem Eigentümer zurückgegeben.

Artikel 214
Banknoten und diesen gleichstehende Papiere

Für die Anwendung der in diesem Artikel festgesetzten Vorschriften stehen dem Gelde gleich: Banknoten, Schuldverschreibungen, in denen die Zahlung einer bestimmten Geldsumme versprochen wird, Aktien, Interims-, Zins-, Gewinnanteil- und Erneuerungsscheine, soweit diese Papiere auf den Inhaber und einen Aussteller lauten, der zur Ausgabe berechtigt ist oder der Anschein besteht, daß sie von dieser Person ausgestellt sind.

Artikel 215
Rechtswidrige Ausgabe von anonymen Schuldverschreibungen

Wer in Griechenland rechtswidrig anonyme Schuldverschreibungen, in denen die Zahlung einer bestimmten Geldsumme versprochen wird, in Verkehr bringt, wird mit Gefängnis bis zu 2 Jahren bestraft.

Kapitel K
Urkundsdelikte

Artikel 216
a) Urkundenfälschung

1. Wer eine Urkunde fälscht oder verfälscht, um durch ihren Gebrauch einen anderen über eine Tatsache, die rechtliche Folgen haben kann, irrezuführen, wird mit Gefängnis nicht unter 3 Monaten bestraft. Der eigene Gebrauch dieser Urkunde wird als besonders schwerer Fall erachtet.

2. Mit derselben Strafe wird bestraft, wer zu dem oben erwähnten Zweck wissentlich von einer falschen oder verfälschten Urkunde Gebrauch macht.

3. Wenn der Schuldige in der Absicht gehandelt hat, durch eine der in den Abs. 1 und 2 bestimmten Handlungen sich oder einem anderen zum Schaden eines Dritten einen Vermögensvorteil zu verschaffen oder einen anderen zu schädigen, so wird er mit Zuchthaus bis zu 10 Jahren bestraft.

Artikel 217
Fälschung von Zeugnissen

1. Wer in der Absicht, den eigenen oder den Unterhalt, die Bewegungsfreiheit oder das soziale Vorwärtskommen eines anderen zu erleichtern, eine öffentliche Bestätigung oder ein Zeugnis oder eine andere Urkunde, die üblicherweise als solches gebraucht werden kann, fälscht

oder verfälscht, oder wer wissentlich von einer solchen falschen oder verfälschten Urkunde Gebrauch macht, wird mit Gefängnis bis zu einem Jahre oder mit Geldstrafe bestraft.

2. Ebenso wird bestraft, wer zu demselben Zweck von einer echten, jedoch auf den Namen eines anderen ausgegebenen Urkunde Gebrauch macht.

Artikel 218

Fälschung und Veruntreuung von Stempelzeichen

1. Wer amtliche Wertzeichen, insbesondere Briefmarken, Stempelpapier und Steuerzeichen zu dem Zwecke fälscht oder verfälscht, um sie als echte zu gebrauchen, und wer sie zu diesem Zwecke wissentlich als echte gebraucht, ferner wer solche Zeichen zu diesem Zwecke sich verschafft, zum Verkauf anbietet oder in Verkehr bringt, wird mit Zuchthaus bis zu 10 Jahren bestraft.

2. Wer wissentlich gebrauchte amtliche Wertzeichen wiederverwendet oder zu diesem Zweck sich solche verschafft, zum Verkauf anbietet oder in Verkehr bringt, wird mit Gefängnis bis zu einem Jahre oder mit Geldstrafe bestraft.

3. Wer zum Zwecke der Ausführung einer der erwähnten Straftaten die dafür nötigen Mittel, Formen oder Geräte anfertigt, sich verschafft oder einem anderen übergibt, wird mit Gefängnis bis zu 2 Jahren bestraft.

4. Dabei ist zugleich die Einziehung der falschen, verfälschten oder zu nochmaligem Gebrauch bestimmten Zeichen anzuordnen. Die Einziehung der im vorstehenden Absatz erwähnten Formen und Geräte kann angeordnet werden, wenn keine Strafverfolgung oder Verurteilung einer bestimmten Person erfolgt.

Artikel 219

Die Vorschrift des Art. 212 wird auch auf die in Art. 218 Abs. 3 bestimmten Straftaten entsprechend angewendet.

Artikel 220

b) Der Erfolg einer durch List herbeigeführten unrichtigen Beglaubigung

1. Wer durch Täuschung erreicht, daß in einer öffentlichen Urkunde wahrheitswidrig eine Tatsache beglaubigt wird, die rechtliche Folgen haben kann, ferner wer zur Täuschung eines anderen in bezug auf die betreffende Tatsache eine solche Urkunde gebraucht, wird mit Gefängnis von 3 Monaten bis zu 2 Jahren bestraft, sofern er nicht nach den Vorschriften über die Anstiftung schwerer zu bestrafen ist.

2. Liegen jedoch die besonderen Voraussetzungen des Art. 216 Abs. 3 vor, so ist auf Gefängnis nicht unter 3 Monaten zu erkennen.

Artikel 221

c) Unrichtige ärztliche Zeugnisse

1. Ärzte, Zahnärzte, Tierärzte, Apotheker, Chemiker und Geburtshelferinnen, welche wissentlich unrichtige Zeugnisse ausstellen, die bei einer öffentlichen, städtischen oder kommunalen Behörde, einer juristischen Person des öffentlichen Rechts oder bei einer Versicherungsgesellschaft als Beglaubigung dienen oder die rechtliche und wichtige

Interessen einer anderen Person schädigen können, werden mit Gefängnis bis zu 2 Jahren und mit Geldstrafe bestraft.

2. Mit Gefängnis bis zu einem Jahre wird bestraft, wer von einem solchen unrichtigen Zeugnis zur Täuschung einer öffentlichen, städtischen oder kommunalen Behörde, einer juristischen Person des öffentlichen Rechts oder einer Versicherungsgesellschaft Gebrauch macht.

Artikel 222

d) Urkundenunterdrückung

Wer eine Urkunde, über die er nicht oder nur teilweise allein verfügen kann oder auf deren Herausgabe oder Vorzeigen ein anderer nach den Vorschriften des bürgerlichen Rechts ein Recht hat, unterdrückt, beschädigt oder zerstört, wird mit Gefängnis bis zu 2 Jahren bestraft.

Artikel 223

e) Grenzverrückung

1. Wer einen Grenzstein oder ein anderes zur Bezeichnung einer Grenze oder eines Wasserstandes oder einer Wassereinteilung bestimmtes Zeichen verrückt, aufhebt, unkenntlich macht oder falsch aufstellt, um dadurch einen anderen zu schädigen, wird mit Gefängnis bis zu 2 Jahren bestraft.

2. Wird die Tat ohne den bestimmten Zweck, jedoch vorsätzlich ausgeführt, so ist auf Gefängnis bis zu 3 Monaten oder auf Geldstrafe zu erkennen.

Kapitel L

Straftaten gegen die Rechtspflege

Artikel 224

Meineid

1. Wer als Partei in einem Zivilprozeß wissentlich einen falschen Eid schwört, wird mit Gefängnis nicht unter 3 Monaten bestraft.

2. Mit derselben Strafe wird bestraft, wer vor einer für eidliche Vernehmungen zuständigen Behörde als Zeuge vernommen wird oder sich auf einen früheren Eid beruft und wissentlich eine falsche Angabe macht oder die wahre Aussage verweigert oder verheimlicht.

3. Einem Eide stehen gleich: die Berufung des Priesters auf seine Priesterwürde, die vom Gesetz statt des Eides zugelassene Beteuerung der Bekenner einer Religion, die den Eid nicht gestattet, sowie jede Beteuerung anstatt des Eides nach den Vorschriften der Prozeßordnung.

Artikel 225

Falsche uneidliche Aussage

1. Mit Gefängnis bis zu 2 Jahren wird bestraft:

a) wer als Partei oder Zeuge vor einer für solche Vernehmungen zuständigen Behörde wissentlich uneidlich eine falsche Angabe macht oder die wahre Aussage verweigert oder verheimlicht;

b) wer feierlich vor Gericht erklärt, daß er bereit sei, einen falschen Eid zu schwören, diesen aber nicht schwört, weil die Gegenpartei die zu beschwörende Tatsache schon anerkannt hat.

2. Mit Gefängnis bis zu einem Jahr oder mit Geldstrafe wird bestraft, wer in anderen Fällen bei einer Vernehmung vor einer Behörde oder vor einem von dieser beauftragten Organ oder beim Antrag an eine Behörde wissentlich unwahr aussagt oder die wahre Aussage verneint oder verheimlicht. Mit derselben Strafe wird bestraft, wer vor einer Behörde als Zeuge erscheint und die Aussage oder den Eid verweigert.

Artikel 226

Meineid usw. eines Sachverständigen und Dolmetschers

1. Wer als Sachverständiger oder Dolmetscher unter Eid eine falsche Angabe macht oder die Wahrheit verheimlicht, wird mit Gefängnis nicht unter 6 Monaten bestraft.

2. Die Vorschrift des Art. 67 ist hier entsprechend anzuwenden.

3. Das uneidliche falsche Gutachten des Sachverständigen oder die uneidliche falsche Übersetzung des Dolmetschers wird mit Gefängnis bis zu einem Jahre bestraft.

Artikel 227

1. In den Fällen der Art. 224 und 226 Abs. 1 wird auf Verlust der bürgerlichen Ehrenrechte von einem bis zu 5 Jahren erkannt.

2. In den Fällen des Art. 225 bleibt die Tat straflos, wenn der Schuldige freiwillig die falsche Aussage durch eine andere Aussage vor derselben Behörde widerruft. Dieser Widerruf befreit den Schuldigen nicht von der Strafe, wenn von der Behörde eine Entscheidung getroffen ist oder eine nachteilige Rechtsfolge für einen anderen eingetreten ist.

3. Hat der Schuldige, der in den Art. 224 Abs. 2 und 225 bestimmten Straftaten diese begangen, um von sich oder einem seiner Verwandten eine strafrechtliche Schuld abzuwenden, so kann das Gericht ihn von der Strafe befreien.

Artikel 228

Verleitung zum Meineid

1. Wer vorsätzlich durch Täuschung jemanden zur Leistung eines falschen Eides (Art. 224) verführt, wird mit Gefängnis bis zu 2 Jahren bestraft, sofern die Tat nicht nach den Vorschriften über die Anstiftung schwerer zu bestrafen ist.

2. Wer in irgendeiner Weise jemanden zur Begehung einer der in Art. 224 und 226 Abs. 1 bestimmten Taten zu verleiten versucht, wird mit Gefängnis bis zu 3 Jahren bestraft.

Artikel 229

Falsche Anschuldigung

1. Wer einen anderen wissentlich falsch anzeigt oder einer Behörde mitteilt, daß derselbe eine Straftat oder eine Dienststraftat begangen habe, in der Absicht, dessen Verfolgung herbeizuführen, wird mit Gefängnis bestraft.

2. Mit derselben Strafe wird bestraft, wer zu diesem Zweck wissentlich und wider besseres Wissen einen anderen bei einer Behörde einer strafbaren Handlung oder einer Disziplinarverletzung verdächtigt, indem er ein Beweismittel vortäuscht, verändert oder verheimlicht.

3. Auf Antrag des Verletzten kann das Gericht diesem die Erlaubnis erteilen, das Urteil auf Kosten des Verurteilten zu veröffentlichen.

4. Das Recht zur Veröffentlichung des Urteils auf Kosten des Verurteilten erlischt nach 3 Monaten von der Zustellung des rechtskräftigen Urteils an den Verletzten an.

Artikel 230

Wer, ohne einen anderen zu verdächtigen, wissentlich falsch einer Behörde anzeigt, daß ein Verbrechen oder Vergehen begangen worden sei, wird mit Gefängnis bis zu 2 Jahren bestraft.

Artikel 231

Strafvereitelung

1. Wer wissentlich die Strafverfolgung eines andern, der ein Verbrechen oder Vergehen begangen hat, vereitelt oder die Vollstreckung der diesem auferlegten Strafe oder eine Sicherungsmaßnahme (Art. 69—76, 122) unmöglich macht, wird mit Gefängnis bis zu 3 Jahren bestraft.

2. Die Strafvereitelung bleibt straflos, wenn sie zugunsten eines Angehörigen verübt worden ist.

Artikel 232

Unterlassene Verbrechensanzeige

1. Wer von dem Vorhaben eines Verbrechens oder von dem Beginn der Ausführung desselben zu einer Zeit, zu der die Ausführung oder der Erfolg noch abgewendet werden kann, glaubhafte Kenntnis erhält und es unterläßt, der Behörde rechtzeitige Anzeige zu machen, wird, wenn das Verbrechen versucht oder vollendet worden ist, gleichgültig ob der Täter bestraft wurde oder nicht, mit Gefängnis bis zu 3 Jahren bestraft.

2. Die Unterlassung bleibt straflos, wenn die Anzeige die Angehörigen des Unterlassenden betreffen würde.

Artikel 233

Parteiverrat

Ein Rechtsanwalt oder ein anderer Rechtsbeistand, der vorsätzlich denjenigen, für dessen Interessen er den rechtlichen Schutz übernommen hat, schädigt, oder in derselben Rechtssache durch Rat und Tat, sei es gleichzeitig oder nacheinander, beiden Parteien hilft, wird mit Gefängnis bis zu 3 Jahren bestraft. Hat er nach Verständigung mit der Gegenpartei oder gewinnsüchtig gehandelt, so wird er mit Gefängnis nicht unter 3 Monaten bestraft.

Artikel 234

Geheimnisbruch richterlicher Sitzungen

Mit Gefängnis bis zu 6 Monaten oder mit Geldstrafe wird bestraft, wer in irgendeiner Weise den Bericht einer richterlichen, hinter geschlossenen Türen geführten Sitzung kundgibt oder irgendein Schriftstück über eine solche Sitzung veröffentlicht, es sei denn, daß das zuständige Gericht die Veröffentlichung gestattet.

Kapitel M
Amtsdelikte

Artikel 235
Bestechung zu rechtmäßigen Handlungen

1. Ein Beamter, der für ein künftiges oder bereits erfolgtes Tun oder Unterlassen einer rechtmäßigen Handlung, die zu seinem dienstlichen Wirkungskreis gehört, Geschenke oder andere ihm nicht gebührende Vorteile fordert, annimmt oder sich versprechen läßt, wird mit Gefängnis bis zu 6 Monaten oder mit Geldstrafe bestraft.

2. Mit Geldstrafe wird bestraft, wer nach der Bestimmung des Abs. 3 einem Beamten oder einem seiner Angehörigen solche Geschenke oder Vorteile anbietet, gewährt oder verspricht.

Artikel 236
Bestechung zu unrechtmäßigen Handlungen

1. Ein Beamter, der für ein künftiges oder bereits erfolgtes Tun oder Unterlassen, das seinen Dienstpflichten zuwiderläuft, Geschenke oder andere ihm nicht gebührende Vorteile fordert, annimmt oder sich versprechen läßt, wird mit Gefängnis nicht unter 6 Monaten bestraft.

2. Mit Gefängnis wird auch bestraft, wer nach der Bestimmung des Abs. 1 einem Beamten oder einem seiner Angehörigen solche Geschenke oder Vorteile anbietet, gewährt oder verspricht.

Artikel 237
Richterbestechung

1. Der zur Erfüllung von richterlichen Pflichten nach dem Gesetz Berufene oder ein Schiedsrichter, welcher Geschenke oder andere ihm nicht gebührende Vorteile dafür fordert oder sich versprechen läßt, daß er bei einer ihm anvertrauten Sache gegen jemanden Amtshandlungen vornimmt oder über jemanden richtet, wird mit Gefängnis nicht unter einem Jahre bestraft.

2. Mit Gefängnis nicht unter 3 Monaten wird bestraft, wer zu diesem Zwecke einer der in Abs. 1 bestimmten Person oder einem ihrer Angehörigen solche Geschenke oder Vorteile anbietet, gewährt oder verspricht.

Artikel 238
Einziehung der Geschenke

In den Fällen der Art. 235, 236, 237 wird im Urteil auf Einziehung der Geschenke oder deren Wertes erkannt.

Artikel 239
Gewaltmißbrauch

Ein Beamter, zu dessen Pflichten die Verfolgung und Untersuchung von Straftaten gehört, wird

a) mit Gefängnis nicht unter einem Jahre bestraft, wenn er rechtswidrig Zwangsmittel anwendet, um irgendeine mündliche oder schriftliche Aussage des Beschuldigten, eines Zeugen oder eines Sachverständigen zu erpressen;

b) mit Zuchthaus bis zu 10 Jahren bestraft, wenn er wissentlich einen Unschuldigen zur Verfolgung oder Bestrafung bringt oder einen Schuldigen der Verfolgung oder Bestrafung entzieht.

Artikel 240

Gesetzwidrige Strafvollstreckung

1. Ein Beamter, zu dessen Pflichten die Strafvollstreckung gehört, wird mit Gefängnis nicht unter einem Monate bestraft, wenn er wissentlich eine Strafe rechtswidrig vollstreckt oder es unterläßt, eine Strafe zu vollstrecken, die vollzogen werden muß.

2. Beruht jedoch die gesetzwidrige Vollstreckung auf Fahrlässigkeit, so wird auf Gefängnis bis zu einem Jahr oder auf Geldstrafe erkannt.

Artikel 241

Hausfriedensbruch

Ein Beamter, der entgegen den gesetzlichen Vorschriften und ohne die gesetzlichen Formalitäten in die Wohnung eines anderen ohne dessen Einwilligung eintritt, wird mit Gefängnis von 3 Monaten bis zu 2 Jahren bestraft.

Artikel 242

Unrichtige Beurkundung, Urkundenfälschung usw.

1. Nimmt ein Beamter, zu dessen Pflichten die Anfertigung oder Ausstellung von öffentlichen Urkunden gehört, in einer solchen Urkunde vorsätzlich falsch eine Tatsache, die Rechtsfolgen haben kann, auf, so wird er mit Gefängnis nicht unter einem Jahre bestraft.

2. Mit derselben Strafe wird derjenige Beamte bestraft, der vorsätzlich eine Urkunde, die ihm anvertraut oder kraft seines Dienstes zugänglich ist, beschädigt oder unterdrückt.

3. Hat jedoch der Schuldige einer der in den Abs. 1 und 2 bestimmten Taten in der Absicht gehandelt, sich oder einem anderen unrechtmäßige Vorteile zu verschaffen oder einen anderen zu schädigen, so wird auf Zuchthaus erkannt.

4. Mit der in Abs. 1 bestimmten Strafe wird bestraft, wer wissentlich von einer solchen falschen oder verfälschten oder unterdrückten Urkunde Gebrauch macht.

Artikel 243

Unterlassene Bestätigung des Ausweises

Unterläßt es ein Beamter, zu dessen Pflichten die Anfertigung oder Ausstellung von öffentlichen Urkunden gehört, den Ausweis der in der Urkunde erwähnten Person gemäß den gesetzlichen Vorschriften zu bestätigen, so wird er mit Gefängnis bis zu 3 Monaten bestraft.

Artikel 244

Erhebung nichtgeschuldeter Abgaben

Ein Beamter, der wissentlich nichtgeschuldete Steuern, Abgaben, Gebühren oder andere Besteuerungen, Gerichtskosten oder andere Verfügungen erhebt, wird mit Gefängnis nicht unter 3 Monaten bestraft.

Artikel 245

1. Die in Art. 244 bestimmten Strafen sind auch auf diejenigen Beamten anzuwenden, welche die Ausführung der oben erwähnten Er-

hebungen den bei ihnen angestellten Schreibern oder Helfern überlassen, welche mit Kenntnis des Beamten eine nichtgeschuldete Abgabe erhoben haben.

2. Diese Schreiber oder Helfer sind mit Gefängnis bis zu 2 Jahren zu bestrafen, wenn sie wissentlich eine nichtgeschuldete Abgabe erhoben haben.

Artikel 246

Mit Gefängnis wird derjenige Beamte bestraft, der, außer im Falle des Art. 258, einem anderen bei der Auszahlung von Geld oder der Ausgabe von anderen Sachen wissentlich und vorsätzlich das diesem Zukommende ganz oder zum Teil vorenthält.

Artikel 247

Streik von öffentlichen Beamten

1. Öffentliche Beamte, wenigstens drei an der Zahl, die nach gemeinsamer Beratung und Entscheidung zwecks Verhinderung oder Unterbrechung der Tätigkeit eines öffentlichen Dienstes:

a) ihren Austritt aus dem Dienst verlangen oder
b) den ihnen anvertrauten Dienst verlassen oder
c) die Ausführung ihrer Dienstpflichten vernachlässigen oder
d) sich zur Erklärung oder Androhung eines Streikes verständigen oder in irgendeiner Weise die unmittelbare oder mittelbare Anerkennung ihrer Forderung mit dem Verlassen ihres Dienstes verbinden,

sind mit Gefängnis bis zu einem Jahre zu bestrafen.

2. Mit derselben Strafe wird auch jeder öffentliche Beamte bestraft, welcher sich nachträglich mit einer der im vorstehenden Absatz bestimmten Taten einverstanden erklärt.

3. Mitglieder des Verwaltungsrates einer Innung oder eines Vereins öffentlicher Beamten, welche die Erklärung des Streiks beschlossen haben, sind mit Gefängnis nicht unter 3 Monaten und mit Geldstrafe zu bestrafen. Für die Tilgung der erkannten Geldstrafe haften sowohl die Verurteilten als auch die Innung oder der Verein gesamtschuldnerisch.

4. Die Verurteilung zu irgendeiner Strafe wegen der in den Abs. 1—3 bestimmten Taten hat auch den zeitigen Verlust der bürgerlichen Ehrenrechte zur Folge (Art. 61—65).

Artikel 248

Verletzung des Postgeheimnisses

Ein Postbeamter, der unbefugt einen Brief oder eine andere, der Post anvertraute Sache, die ihm dienstlich zugänglich ist, öffnet, unterdrückt, zerstört oder wissentlich einem Dritten eine solche Handlung gestattet oder dazu Hilfe leistet, oder der auf Grund seines Dienstes den Inhalt einer solchen verschlossenen Sache kennt und einem anderen mitteilt, wird mit Gefängnis bis zu 3 Jahren bestraft.

Artikel 249

Verletzung des Telegraphengeheimnisses

Ein Telegraphenbeamter, der unbefugt ein dem Telegraphendienst anvertrautes Telegramm, das ihm dienstlich zugänglich ist, öffnet, unterdrückt, zerstört oder wissentlich einem Dritten eine solche Handlung gestattet oder dazu Hilfe leistet, oder der auf Grund seines Dienstes den Inhalt eines solchen Telegramms kennt und einem anderen mitteilt, wird mit Gefängnis bis zu 3 Jahren bestraft.

Artikel 250

Verletzung des Telephongeheimnisses

Ein Telephonbeamter, der auf Grund seines Dienstes den Inhalt eines Telephongespräches kennt und einem Dritten unbefugt mitteilt, oder der wissentlich einem Dritten gestattet, ein solches Gespräch abzuhören, wird mit Gefängnis bis zu 3 Jahren bestraft.

Artikel 251

Verletzung des Richtergeheimnisses

1. Ein zur Erfüllung richterlicher Pflichten Berufener, der einem anderen Geheimnisse einer Beratung oder Abstimmung, an der er teilgenommen hat, mitteilt, wird mit Gefängnis bis zu 2 Jahren bestraft.

2. Mit derselben Strafe wird bestraft, wer an einer solchen Sitzung oder Abstimmung dienstlich teilnimmt und einem anderen deren geheimzuhaltenden Inhalt mitteilt.

Artikel 252

Verletzung des Dienstgeheimnisses

Ein Beamter, der außer in den Fällen der Art. 248, 249, 250 und 251 einem anderen pflichtwidrig mitteilt:

a) eine Sache, die er nur auf Grund seines Dienstes kannte, oder

b) eine ihm anvertraute oder auf Grund seines Dienstes zugängliche Urkunde,

und eine dieser Taten in der Absicht ausgeführt hat, um einen eigenen Vorteil zu erlangen oder den Staat oder eine andere Person zu schädigen, wird mit Gefängnis nicht unter 3 Monaten bestraft.

Artikel 253

Die in den Art. 248—252 angeführten Geheimnisverletzungen sind auch dann zu bestrafen, wenn sie nach dem Dienstaustritt ausgeführt sind.

Artikel 254

Verschweigen eines Ausschließungsgrundes

Ein Beamter, bei welchem kraft Gesetzes ein Ausschließungsgrund in einer Sache vorliegt und welcher wissentlich diesen Grund verschweigt und in dieser Sache teilnimmt. wird mit Gefängnis nicht unter 3 Monaten bestraft. wenn das Verschweigen in der Absicht erfolgt ist, sich einen rechtswidrigen Vorteil zu verschaffen oder einen anderen zu schädigen.

Artikel 255

Unerlaubte Beteiligung

Ein Beamter, der unmittelbar oder mittelbar, insbesondere durch Vorschieben einer anderen Person oder durch Schleichhandlungen, sich an einer Versteigerung, Vermietung, öffentlichen Versteigerungen oder irgendeiner anderen Handlung, bei der er seine Dienstpflichten ausübt, beteiligt, wird mit Gefägnis bis zu 2 Monaten und mit Geldstrafe bestraft.

Artikel 256

Veruntreuung im Amte

Ein Beamter, der bei der Feststellung, Erhebung oder Verwaltung von Steuern, Abgaben, Gebühren oder anderen Besteuerungen oder jedweden Einnahmen wissentlich zu seinem oder fremden Vorteil das öffentliche, städtische oder kommunale Vermögen, dessen Verwaltung ihm anvertraut ist, vermindert, wird bestraft:

a) mit Gefängnis nicht unter 6 Monaten, und wenn die Vermögensverminderung von besonders großem Wert ist, mit Gefängnis nicht unter 2 Jahren;

b) mit Zuchthaus bis zu 10 Jahren, wenn der Schuldige besondere Kunstgriffe gebraucht hat.

Artikel 257

Ausnützung von anvertrauten Gegenständen

Ein Beamter, welcher ohne Unterschlagung oder Veruntreuungsabsicht Geld oder ihm dienstlich anvertraute Sachen verzinst oder auf irgendeine andere Weise zu seinem Vorteil gebraucht oder einem anderen zum Gebrauch übergibt, wird mit Geldstrafe oder mit Gefängnis bis zu einem Jahre bestraft.

Artikel 258

Unterschlagung im Amte

Ein Beamter, welcher Geld oder bewegliche Sachen, die er in amtlicher, sei es auch unzuständiger, Eigenschaft empfangen hat oder die ihm zugänglich sind, sich rechtswidrig zueignet, wird bestraft:

a) mit Gefängnis nicht unter 6 Monaten, und wenn der Gegenstand der Handlung von besonders großem Werte war, mit Gefängnis nicht unter 2 Jahren;

b) mit Zuchthaus bis zu 10 Jahren, wenn der Schuldige besondere Kunstgriffe gebraucht hat.

Artikel 259

Pflichtverletzung

Ein Beamter, welcher vorsätzlich seine Dienstpflichten verletzt, um sich oder einem anderen einen unrechtmäßigen Vorteil zu verschaffen oder den Staat oder einen anderen zu schädigen, wird mit Gefängnis bis zu 2 Jahren bestraft, soweit die Tat nicht nach einer anderen Vorschrift schwerer zu bestrafen ist.

Artikel 260

Ungehorsam gegen eine Zivilbehörde

Ein Militärbefehlshaber, Offizier, Unteroffizier oder Polizeibeamter, der es unterläßt, die unter seinem Befehl stehende bewaffnete Mannschaft oder Polizeimannschaft zu versammeln und zu gebrauchen, obwohl er rechtmäßig von der zuständigen Zivilbehörde dazu aufgefordert ist, wird mit Gefängnis bis zu 3 Jahren bestraft.

Artikel 261

Duldung und Verletzung Untergebener zu Straftaten

Ein Beamter, welcher einen Untergebenen oder jemanden, der seiner dienstlichen Kontrolle untersteht, zur Ausführung einer der in den

Art. 235—260 bestimmten Straftaten zu verleiten versucht oder wissentlich die Ausführung einer dieser Taten duldet, wird mit Gefängnis bis zu 2 Jahren bestraft, soweit die Tat nicht nach einer anderen Vorschrift schwerer zu bestrafen ist.

Artikel 262

Allgemeine Vorschriften

Begeht ein Beamter in Ausübung seines Dienstes oder durch Mißbrauch seiner Diensteigenschaft vorsätzlich ein in diesem Kapitel nicht vorgesehenes Verbrechen oder Vergehen, so wird das Höchstmaß der für die Tat vorgesehenen Strafe um die Hälfte erhöht, jedoch nicht über das allgemeine Höchstmaß der betreffenden Strafart.

Artikel 263

Erkennt das Gericht wegen einer der in Art. 235—261 bestimmten Taten auf Gefängnis nicht unter 3 Monaten, so kann es sogleich den zeitigen Verlust der bürgerlichen Ehrenrechte (Art. 61) anordnen.

Kapitel N

Gemeingefährliche Straftaten

Artikel 264

Brandstiftung

Wer vorsätzlich eine Feuersbrunst verursacht, wird bestraft:

a) mit Gefängnis nicht unter 2 Jahren, wenn aus der Tat eine Gemeingefahr für fremde Sachen hervorgehen kann;
b) mit Zuchthaus, wenn aus der Tat eine Gefahr für Menschen hervorgehen kann;
c) mit lebenslänglichem oder zeitigem Zuchthaus nicht unter 10 Jahren, wenn im Falle b) der Tod eines Menschen eintritt.

Artikel 265

Brandstiftung im Walde

Wer vorsätzlich eine Feuersbrunst im Walde verursacht, wird mit Gefängnis nicht unter einem Jahre bestraft, es sei denn, daß ein Fall des Art. 264 vorliegt.

Artikel 266

Fahrlässige Brandstiftung

Wer fahrlässig eine der in den Art. 264, 265 bezeichneten Handlungen begeht, wird mit Gefängnis bestraft.

Artikel 267

Der Schuldige der in Art. 266 bezeichneten Handlung ist straffrei, wenn er aus freien Stücken die Feuersbrunst löscht oder durch rechtzeitige Anmeldung an die Behörde die Löschung veranlaßt.

Artikel 268

Überschwemmung

Wer vorsätzlich eine Überschwemmung verursacht, wird bestraft:

a) mit Gefängnis nicht unter 2 Jahren, wenn aus der Tat eine Gemeingefahr für fremde Sachen hervorgehen kann;

b) mit Zuchthaus, wenn aus der Tat eine Gefahr für Menschen hervorgehen kann;
c) mit lebenslänglichem oder zeitigem Zuchthaus nicht unter 10 Jahren, wenn im Falle b) der Tod eines Menschen eintritt.

Artikel 269

Wer fahrlässig eine der in Art. 268 bezeichneten Handlungen begeht, wird mit Gefängnis bestraft.

Artikel 270

Explosion

Wer vorsätzlich auf irgendeine Weise eine Explosion verursacht, insbesondere durch Gebrauch von Sprengstoffen, wird bestraft:

a) mit Gefängnis nicht unter 2 Jahren, wenn aus der Tat eine Gemeingefahr für fremde Sachen hervorgehen kann;
b) mit Zuchthaus, wenn aus der Tat eine Gefahr für Menschen hervorgehen kann;
c) mit lebenslänglichem oder zeitigem Zuchthaus nicht unter 10 Jahren, wenn im Falle b) der Tod eines Menschen eintritt.

Artikel 271

Wer fahrlässig eine der in Art. 270 bezeichneten Handlungen begeht, wird mit Gefängnis bestraft.

Artikel 272

Verletzung der Vorschriften über Explosivstoffe

1. Wer Explosivstoffe oder Explosivbomben anfertigt, sich verschafft oder im Besitz hat, um durch ihren Gebrauch eine Gemeingefahr für fremde Sachen oder Menschen hervorzurufen oder sie einem anderen zu solchem Gebrauch übergibt, wird mit Zuchthaus bestraft.

2. Wer Explosivstoffe oder Explosivbomben, von denen er weiß oder vermuten kann, daß sie zu verbrecherischem Gebrauch nach Abs. 1 bestimmt sind, anfertigt, wird mit Zuchthaus bis zu 10 Jahren bestraft.

3. Wer Explosivstoffe oder Explosivbomben, von denen er weiß oder vermuten kann, daß sie zu verbrecherischem Gebrauch nach Abs. 1 bestimmt sind, sich verschafft, übergibt, annimmt, aufbewahrt, verheimlicht oder befördert, wird mit Gefängnis nicht unter einem Jahre bestraft.

4. Wer weiß oder vermuten kann, daß ein anderer den verbrecherischen Gebrauch gem. Abs. 1 von Explosivstoffen oder Explosivbomben bezweckt, und ihm zu deren Anfertigung Rat erteilt, wird mit Gefängnis nicht unter 6 Monaten bestraft.

Artikel 273

Gemeingefährliche Beschädigung

Wer, außer den in den Art. 264, 268 und 270 bezeichneten Fällen, eine eigene oder fremde bewegliche oder unbewegliche Sache vorsätzlich beschädigt, wird

a) mit Gefängnis bestraft, wenn aus der Tat eine Gemeingefahr für fremde Sachen entstehen kann;

b) mit Gefängnis nicht unter 2 Jahren, wenn eine Gefahr für Menschen entstehen kann;
c) mit Zuchthaus, wenn in diesem Falle der Tod eines Menschen eintritt.

Artikel 274

Wer fahrlässig eine der in Art. 273 bezeichneten Handlungen begeht, wird mit Gefängnis bis zu 3 Jahren oder mit Geldstrafe bestraft.

Artikel 275

Beseitigung von Sicherheitsvorrichtungen

Wer in Bergwerken, Fabriken oder anderen Unternehmen, deren Betrieb für das Leben der Arbeiter gefährlich ist, vorsätzlich Sicherheitsvorrichtungen gegen eine solche Gefahr beseitigt oder sonst unbrauchbar macht oder deren Funktionieren unterbricht, wird bestraft:
a) mit Gefängnis nicht unter 2 Jahren, wenn aus der Tat eine Gefahr für Menschen entstehen kann, und
b) mit lebenslänglichem oder zeitigem Zuchthaus, falls der Tod eines Menschen eintritt.

Artikel 276

Wer fahrlässig eine der in Art. 275 bestimmten Handlungen begeht, wird mit Gefängnis bestraft.

Artikel 277

Strandung

Wer vorsätzlich ein Schiff zum Sinken oder Stranden bringt, wird bestraft:
a) mit Gefängnis nicht unter 2 Jahren, wenn aus der Tat eine Gemeingefahr für fremde Sachen entstehen kann;
b) mit Zuchthaus, wenn aus der Tat eine Gefahr für Menschen hervorgehen kann;
c) mit lebenslänglichem oder zeitigem Zuchthaus nicht unter 10 Jahren, wenn im Falle b) der Tod eines Menschen eintritt.

Artikel 278

Wer fahrlässig eine der im Art. 277 bezeichneten Handlungen begeht, wird mit Gefängnis bestraft.

Artikel 279

Brunnen- und Lebensmittelvergiftung

Wer Quellen, Brunnen oder andere Wasserleitungen oder -behälter vergiftet oder Lebensmittel und andere Sachen, durch deren Gebrauch eine unbestimmte Anzahl von Menschen geschädigt werden kann, vergiftet, oder einem dieser Gegenstände andere Stoffe zugibt, die dieselben Folgen herbeiführen können, wird mit Zuchthaus bestraft. Wird durch die Tat der Tod eines Menschen verursacht, so kann auf lebenslängliches Zuchthaus erkannt werden.

Artikel 280

Wer fahrlässig eine der im Art. 279 bezeichneten Handlungen begeht, wird mit Gefängnis bestraft.

Artikel 281

Lebensmittelverfälschungen

1. Wer Lebensmittel, Getränke, Arzneien oder andere Sachen in einer Weise anfertigt oder verarbeitet, daß aus ihrem Gebrauch eine Gesundheitsschädigung oder Lebensgefahr entstehen kann, oder wer solche Sachen in Verkehr bringt, wird mit Gefängnis nicht unter 3 Monaten bestraft.

2. Wird eine dieser Taten fahrlässig begangen, so ist auf Gefängnis bis zu einem Jahr oder auf Geldstrafe zu erkennen.

Artikel 282

Tierfuttervergiftung

1. Wer vorsätzlich Weiden, Wiesen, Teiche oder andere Tiertränken vergiftet, wird mit Gefängnis nicht unter 3 Monaten und, wenn dadurch Tiere getötet oder ernstlich und auf die Dauer geschädigt sind, mit Zuchthaus bis zu 10 Jahren bestraft.

2. Wer eine der in Abs. 1 bestimmten Handlungen fahrlässig begeht, wird mit Gefängnis bis zu 2 Jahren oder mit Geldstrafe bestraft.

Artikel 283

Verbreitung von Tierseuchen

Wer vorsätzlich eine Seuche unter Tieren verbreitet, wird mit Gefängnis nicht unter 6 Monaten und, wenn dadurch Tiere eines anderen getötet oder ernstlich und auf die Dauer geschädigt werden, mit Gefängnis bis zu 2 Jahren oder mit Geldstrafe bestraft.

Artikel 284

Verletzung der Krankheitsverhütungsvorschriften

1. Wer die im Gesetz festgesetzten oder von der zuständigen Behörde erlassenen Vorschriften zur Verhütung des Ausbruchs oder der Verbreitung von ansteckenden Krankheiten verletzt, wird mit Gefängnis bestraft. Wenn infolge der Verletzung ein Mensch angesteckt ist, so wird auf Zuchthaus bis zu 10 Jahren erkannt.

2. Ist die Tat aus Fahrlässigkeit begangen, so wird auf Gefängnis bis zu einem Jahre oder auf Geldstrafe erkannt.

Artikel 285

Verletzung der Tierseuchenverhütungsvorschriften

1. Wer die im Gesetz festgesetzten oder von der zuständigen Behörde erlassenen Vorschriften zur Verhütung des Ausbruchs oder der Verbreitung von Tierseuchen oder von Pflanzenparasiten verletzt, wird mit Gefängnis bis zu 3 Jahren bestraft.

2. Ist die Tat aus Fahrlässigkeit begangen, so wird auf Gefängnis bis zu 6 Monaten oder auf Geldstrafe erkannt.

Artikel 286

Verletzung der Regeln der Baukunst

Wer bei der Leitung oder Ausführung eines Bauwerkes oder eines anderen ähnlichen Werkes oder bei einem Abbruch vorsätzlich oder fahrlässig die anerkannten Regeln der Baukunst außer Acht läßt und dadurch das Leben oder die Gesundheit von Mitmenschen gefährdet, wird mit Gefängnis bis zu 2 Jahren bestraft.

Artikel 287

Nichterfüllung von Lieferungsverträgen

1. Mit Gefängnis nicht unter 3 Monaten wird bestraft, wer einen mit einer Behörde geschlossenen Vertrag über Lieferung oder Beförderung von Lebens- oder sonstigen Bedarfsmitteln nicht oder nicht in gehöriger Weise erfüllt und so die Beseitigung oder Linderung gemeiner Not hindert.

2. Mit derselben Strafe sind zu bestrafen die Unterlieferanten jeder Art, Vermittler und Angestellte der zur Lieferung oder Beförderung Verpflicheten, die durch Verletzung ihrer Pflichten die Erfüllung oder die gehörige Erfüllung vereiteln und so die Beseitigung oder Linderung gemeiner Not hindern.

Artikel 288

Verhinderung der Abwendung einer gemeinen Gefahr und unterlassene Hilfeleistung

1. Wer vorsätzlich die Abwendung bestehender oder unmittelbar drohender Gefahr verhindert oder erschwert, wird mit Gefängnis bestraft, soweit er nicht nach einer anderen Vorschrift schwerer zu bestrafen ist.

2. Wer bei einem Unfall oder gemeiner Gefahr oder Not der von ihm verlangten Hilfeleistung nicht nachkommt, obwohl er solche ohne eigene erhebliche Gefahr gewähren konnte, wird mit Gefängnis bis zu 6 Monaten bestraft.

Artikel 289

In den Fällen der Art. 269, 271, 274, 276, 278, 280, 281 Abs. 2, 282 Abs. 2, 283 Abs. 2, 284 Abs. 2, 285 Abs. 2 und 286 ist der Schuldige von jeder Strafe befreit, wenn er aus freien Stücken die Gefahr abwendet oder durch rechtzeitige Anmeldung bei der Behörde die Abwendung veranlaßt.

Kapitel O

Strafbare Handlungen gegen die Verkehrssicherheit und gegen gemeinnützige Betriebe

Artikel 290

Störung der Verkehrssicherheit

1. Wer vorsätzlich die Sicherheit des Straßen- oder Platzverkehrs stört, wird mit Gefängnis bestraft, wenn aus der Tat eine Gefahr für Menschen entstehen kann, und mit Zuchthaus, wenn dadurch der Tod eines Menschen eintritt.

2. Ist die Tat aus Fahrlässigkeit begangen, so wird auf Gefängnis erkannt.

Artikel 291

Störung der Sicherheit des Eisenbahn-, Schiffs- und Luftverkehrs

1. Wer vorsätzlich die Sicherheit des Eisenbahn-, Schiffs- und Luftverkehrs stört, wird bestraft:

a) mit Gefängnis nicht unter 2 Jahren, wenn aus der Tat eine Gemeingefahr für fremde Sachen hervorgehen kann;
b) mit Zuchthaus, wenn aus der Tat eine Gefahr für Menschen entsteht, und
c) mit lebenslänglichem oder zeitigem Zuchthaus nicht unter 10 Jahren, wenn im Falle b) der Tod eines Menschen eintritt.

2. Wird die Tat fahrlässig begangen, so ist auf Gefängnis zu erkennen.

3. Jede in den Abs. 1 und 2 nicht vorgesehene Verletzung von Verordnungen oder Verwaltungsvorschriften betr. die Polizei, die Sicherheit, die allgemeine Verwaltung und Benutzung des Eisenbahn-, des Wasser- und Luftverkehrs, wird mit Geldstrafe bestraft.

Artikel 292

Behinderung des Verkehrs

1. Wer vorsätzlich den Betrieb einer öffentlichen Verkehrsanstalt, namentlich den Eisenbahn-, Luftfahrt-, Auto-, Post-, Telegraphen- oder Telephonbetrieb behindert, wird mit Gefängnis nicht unter 3 Monaten bestraft.

2. Ist die Tat fahrlässig begangen, so wird auf Gefängnis bis zu 6 Monaten erkannt.

Artikel 293

Betriebsbehinderung anderer öffentlicher Anstalten

1. Wer vorsätzlich den Betrieb einer der allgemeinen Versorgung mit Wasser, Licht, Kraft oder Wärme dienenden Anstalt oder Anlage behindert, wird mit Gefängnis nicht unter 3 Monaten bestraft.

2. Ist die Tat fahrlässig begangen, so wird auf Gefängnis bis zu 6 Monaten erkannt.

Artikel 294

(In der jetzigen, durch Gesetz 1623 von 1951 geänderten Fassung.)

Streik

Mit Gefängnis nicht unter 3 Monaten wird betraft, wer während seines auf Vertrag beruhenden Arbeitsverhältnisses vorsätzlich durch Arbeitseinstellung ohne vorherige Anmeldung beim Arbeitgeber und bei der zuständigen Polizeibehörde oder durch böswilliges Fernbeiben von der Arbeit sich einer der in den Art. 292 und 293 bestimmten Handlungen schuldig macht, so daß dadurch eine Gemeinnot entsteht.

Artikel 295

Hervorrufung von gemeiner Not

Wird durch eine der in den Art. 292 Abs. 1, und 293 Abs. 1 bestimmten Handlungen eine gemeine Not hervorgerufen, so ist auf Zuchthaus zu erkennen.

Artikel 296

Verhinderung der Brotversorgung

Wer vorsätzlich nach der Bestimmung des Art. 294 oder in irgendeiner Weise den Betrieb einer der allgemeinen Brotversorgung dienenden Anstalt oder Anlage behindert, wird mit Gefängnis nicht unter 6 Monaten bestraft, wenn dadurch eine gemeine Not hervorgerufen wird.

Artikel 297
Schiffsgefährdung durch Konterbande

1. Wer vorsätzlich auf ein griechisches Schiff Gegenstände bringt, deren Auffindung die Gefahr der Beschlagnahme oder der Einziehung des Schiffes oder der Ladung herbeiführen kann, wird mit Gefängnis bis zu 3 Jahren bestraft.

2. Die Tat wird auch bestraft, wenn sie außerhalb der Staatsgrenzen begangen ist.

3. Bei ausländischen Schiffen wird die Tat bestraft, wenn die Ladung ganz oder zum Teil im Inland übernommen worden ist.

Artikel 298
Allgemeine Vorschriften

In den Fällen der Art. 290 Abs. 2, 291 Abs. 2 ist die Vorschrift des Art. 289 entsprechend anzuwenden.

Kapitel P
Strafbare Handlungen gegen das Leben

Artikel 299
Vorsätzliche Tötung eines Menschen

1. Wer vorsätzlich (aus Vorhaben) einen anderen tötet, wird mit dem Tode oder mit lebenslänglichem Zuchthaus bestraft.

2. Wenn die Tat in einer heftigen Gemütsbewegung beschlossen und ausgeführt wird, so ist auf zeitiges Zuchthaus zu erkennen.

Artikel 300
Tötung auf Verlangen

Wer die Tötung eines anderen auf dessen ausdrückliches und ernstliches Verlangen und aus Mitleid wegen dessen unheilbarer Krankheit beschlossen und ausgeführt hat, wird mit Gefängnis bestraft.

Artikel 301
Teilnahme am Selbstmord

Wer einen anderen vorsätzlich verleitet, sich selbst zu töten, wird, wenn der andere sich tötet oder zu töten versucht, mit Gefängnis bestraft.

Artikel 302
Fahrlässige Tötung

Wer fahrlässig den Tod eines anderen verursacht, wird mit Gefängnis nicht unter 3 Monaten bestraft.

Artikel 303
Kindestötung

Eine Mutter, die vorsätzlich ihr Kind in oder gleich nach der Geburt, solange sie unter dem Einfluß einer durch den Geburtsvorgang hervorgerufenen Störung steht, tötet, wird mit Zuchthaus bis zu 10 Jahren bestraft.

Artikel 304

Abtreibung

1. Eine Schwangere, die ihre Frucht im Mutterleibe vorsätzlich durch Abtreibung oder auf eine andere Weise tötet oder die Tötung durch einen anderen zuläßt, wird mit Gefängnis bis zu 3 Jahren bestraft.

2. Wer die Frucht einer Schwangeren mit deren Einwilligung abtreibt oder ihr die zur Abtreibung notwendigen Mittel verschafft, wird mit Gefängnis nicht unter 6 Monaten bestraft. Wenn er gewohnheitsmäßig Abtreibungen ausführt, so wird er mit Zuchthaus bis zu 10 Jahren bestraft.

3. Wer die Frucht einer Schwangeren ohne deren Kenntnis oder Einwilligung vorsätzlich abtreibt, wird mit zeitigem Zuchthaus bestraft.

4. Die Tat ist nicht rechtswidrig und bleibt straflos, wenn sie von einem Arzt ausgeführt wird, um eine auf andere Weise nicht abwendbare Gefahr für das Leben oder eine erhebliche und dauernde Schädigung der Gesundheit der Schwangeren abzuwenden, soweit dieses durch das Zeugnis eines anderen Arztes bestätigt wird.

5. Straflos bleibt auch die von einem Arzt mit Einwilligung der Schwangeren ausgeführte Abtreibung, wenn sie aus einer Nötigung zur Unzucht, Schändung, Verführung oder Blutschande empfangen hat.

Artikel 305

Ankündigung von Abtreibungsmitteln

Wer öffentlich oder durch Umlauf von Schriften, Bildern oder Darstellungen, wenn auch in verhüllter Weise, Drogen oder andere Werkzeuge als zur Abtreibung geeignet ankündigt oder anpreist, oder wer in derselben Weise seine oder eines anderen Dienste zur Ausführung von oder Hilfeleistung bei Abtreibungen anbietet, wird mit Gefängnis bis zu einem Jahre bestraft.

Artikel 306

Aussetzung

1. Wer einen anderen aussetzt und ihn dadurch in eine hilflose Lage bringt, ferner wer vorsätzlich jemanden, der unter seiner Obhut steht oder für dessen Unterhalt, Unterbringung oder Fortschaffung er zu sorgen hat, oder jemanden, dem er schuldhaft eine Körperverletzung zugefügt hat, in einer hilflosen Lage läßt, wird mit Gefängnis nicht unter 6 Monaten bestraft.

2. Wenn die Tat einen schweren Schaden für die Gesundheit des Verletzten zur Folge hat, so wird auf Zuchthaus bis zu 10 Jahren und, wenn sie den Tod des Verletzten zur Folge hat, auf Zuchthaus nicht unter 6 Jahren erkannt.

Artikel 307

Unterlassene Lebensrettung

Wer vorsätzlich unterläßt, einen anderen, der sich in Lebensgefahr befindet, zu retten, obwohl er es ohne Gefahr für sein Leben oder seine Gesundheit tun kann, wird mit Gefängnis bis zu einem Jahre bestraft.

Kapitel Q

Körperverletzungen

Artikel 308

Einfache Körperverletzung

1. Wer vorsätzlich einen anderen am Körper verletzt oder an der Gesundheit beschädigt, wird mit Gefängnis bis zu 3 Jahren bestraft. Wenn die verursachte Körperverletzung oder Gesundheitsbeschädigung besonders leicht ist, wird auf Gefängnis bis zu 6 Monaten oder auf Geldstrafe erkannt.

2. Die Körperverletzung nach Abs. 1 ist nicht rechtswidrig, wenn sie mit Einwilligung des Verletzten vorgenommen ist und nicht gegen die guten Sitten verstößt.

3. Der Schuldige einer der in Abs. 1 bestimmten Taten kann von jeder Strafe befreit werden, wenn er zur Ausführung der Tat durch gerechtfertigte Entrüstung über das unmittelbar vorangegangene Benehmen des Verletzten, das gegen ihn oder vor seinen Augen begangen und besonders hart oder grob gewesen ist, hingerissen wird.

Artikel 309

Gefährliche Körperverletzung

Wird die in dem vorstehenden Artikel bestimmte Tat in einer Weise begangen, die geeignet ist, Lebensgefahr oder einen schweren körperlichen Schaden des Verletzten (Art. 310 Abs. 2) herbeizuführen, so wird auf Gefängnis nicht unter 3 Monaten erkannt.

Artikel 310

Schwere Körperverletzung

1. Wenn die in Art. 308 bestimmte Tat eine schwere Beschädigung des Körpers oder des Geistes des Verletzten zur Folge hat, wird auf Gefängnis nicht unter 2 Jahren erkannt.

2. Als schwere Beschädigung des Körpers oder der Geisteskräfte gilt es, wenn der Verletzte infolge der Tat in Lebensgefahr gerät oder in eine schwere und langdauernde Krankheit verfällt oder ernstlich verstümmelt oder sonst im Gebrauch seines Körpers oder seiner Geisteskräfte für längere Zeit bedeutend beeinträchtigt wird.

3. Wenn der Täter es auf diese verursachte Folge abgesehen hat, so wird er mit Zuchthaus bis zu 10 Jahren bestraft.

Artikel 311

Körperverletzung mit tödlichem Ausgang

Wenn die Körperverletzung (Art. 308) den Tod des Verletzten zur Folge hat, wird auf Zuchthaus bis zu 10 Jahren und im Falle des Abs. 3 des Art. 310 auf Zuchthaus erkannt.

Artikel 312

Körperverletzung an Kindern usw.

Mit Gefängnis nicht unter 3 Monaten, soweit nicht nach einer anderen Vorschrift schwerer zu bestrafen ist, wird bestraft:

a) wer an einer Person, die das 17. Lebensjahr nicht vollendet hat oder wehrlos ist und seiner Fürsorge oder Obhut untersteht oder seinem

Hausstande angehört oder in einem Arbeits- oder Dienstverhältnis zu ihm steht oder die der Fürsorgepflichtige seiner Gewalt überlassen hat, durch dauerndes grausames Verhalten eine Körperverletzung oder Gesundheitsbeschädigung begeht;

b) wer durch böswillige Pflichtverletzung gegen die oben erwähnten Personen sich einer Körperverletzung oder Gesundheitsbeschädigung schuldig macht.

Artikel 313

Raufhandel

Wenn durch eine Schlägerei oder einen Angriff, an dem mehrere beteiligt sind, der Tod eines Menschen oder eine schwere Körperverletzung (Art. 310) verursacht wird, so wird jeder Teilnehmer an der Schlägerei oder an dem Angriff allein wegen dieser Teilnahme mit Gefängnis bis zu 3 Jahren bestraft, es sei denn, daß er ohne seine Schuld am Raufhandel teilgenommen hat.

Artikel 314

Fahrlässige Körperverletzung

Wer fahrlässig eine Körperverletzung oder Gesundheitsbeschädigung begeht, wird mit Gefängnis bis zu 3 Jahren bestraft. Wenn die verursachte Körperverletzung besonders leicht ist, wird auf Gefängnis bis zu 3 Monaten oder auf Geldstrafe erkannt.

Artikel 315

Antrag

1. In den Fällen der Art. 308 und 314 tritt die Verfolgung nur auf Antrag ein. Der Antrag ist nicht notwendig, wenn der Schuldige der im Art. 314 bestimmten Tat wegen seines Dienstes oder Berufes zur besonderen Fürsorge oder Obhut verpflichtet war.

2. Wenn der Verletzte im Falle des Art. 308 ein öffentlicher Beamter ist und die Tat während der Dienstausübung oder aus Gründen, welche die Dienstausübung betreffen, ausgeführt wurde, so steht das Antragsrecht auch seinen Vorgesetzten zu.

Kapitel R

Zweikampf

Artikel 316

Herausforderung zum Zweikampf

1. Wer einen anderen zum Zweikampf mit Waffen herausfordert, und wer diese Herausforderung annimmt, wird mit Gefängnis bis zu 6 Monaten bestraft.

2. Wenn einer der Gegner aus freien Stücken den Zweikampf oder den Beginn vereitelt, so tritt Straffreiheit ein.

Artikel 317

Zweikampf

1. Der Zweikampf mit Waffen wird mit Gefängnis nicht unter 6 Monaten bestraft; wenn nach den vereinbarten Kampfregeln der Zweikampf

bis zum Tode eines der Gegner geführt werden sollte, so wird auf Gefängnis von mindestens einem Jahre erkannt.

2. Wer bei einem Zweikampf seinen Gegner tötet, wird mit Gefängnis nicht unter 3 Monaten und im Falle des zweiten Satzes des vorstehenden Absatzes, mit Zuchthaus bis zu 10 Jahren bestraft.

3. Wer bei einem Zweikampf den Gegner durch vorsätzliche Übertretung der vereinbarten oder hergebrachten Kampfregeln tötet oder körperlich verletzt, wird, soweit nicht nach den Vorschriften dieses Kapitels schwerer zu bestrafen ist, nach den Vorschriften über Tötung oder Körperverletzung bestraft.

Artikel 318

Zweikampf, bei dem eine Lebensgefahr ausgeschlossen ist

Wenn der Zweikampf unter Einhaltung der nötigen, eine Lebensgefahr verhütenden Maßnahmen ausgeführt ist, so wird auf Gefängnis bis zu einem Jahre erkannt.

Artikel 319

Bestrafung der Gehilfen

1. Zeugen und andere Sekundanten beim Zweikampf sowie Mitglieder eines zur Entscheidung über die Ausführung oder Nichtausführung des Zweikampfs einberufenen Ehrengerichts sind als Gehilfen zu bestrafen. Der Zeuge, der zur Vereitelung des Zweikampfes beigetragen hat, bleibt jedoch straflos.

2. Ebenso sind straffrei die zum Zweikampf zugezogenen Ärzte.

Artikel 320

Anreizung zum Zweikampf

Wer einen anderen dadurch, daß er ihm Verachtung bezeigt oder androht oder in ähnlicher Weise zu einem Zweikampf mit einem Dritten anreizt, wird mit Gefängnis bis zu 6 Monaten bestraft.

Artikel 321

Veröffentlichungen, die sich auf den Zweikampf beziehen

1. Der Direktor einer Zeitung oder einer Zeitschrift, in der Veröffentlichungen erfolgen, die sich auf die Herausforderung zum Zweikampf oder dessen Ausführung beziehen, wird mit Gefängnis bis zu 3 Monaten bestraft.

2. Diese Vorschrift ist nicht anzwenden bei einer einfachen Bekanntmachung des im Zweikampf eingetretenen Todes.

Kapitel S

Strafbare Handlungen gegen die persönliche Freiheit

Artikel 322

Entführung

Wer einen anderen durch Anwendung von List oder gewaltsam festnimmt, so daß der Festgenommene dem staatlichen Schutz entzogen wird, und insbesondere, wer einen anderen in Sklaverei oder in einen ähnlichen Zustand der Freiheitsberaubung bringt, wird mit Zuchthaus bestraft.

Artikel 323

Sklavenhandel

1. Wer Sklavenhandel treibt, wird mit Zuchthaus bestraft.

2. Der Sklavenhandel umfaßt jede Handlung, auch Festnahme, Erwerbung oder Verfügung über eine Person, um sie in Sklaverei zu führen, jede Handlung auf Erwerbung eines Sklaven, um denselben weiter zu verkaufen oder zu tauschen, jede Übereignungshandlung eines dem Täter gehörenden Sklaven durch Verkauf oder Tausch und im allgemeinen jede auf den Handel mit oder den Transport von Sklaven gerichtete Handlung.

3. Wer wissentlich irgendeinen Dienst auf einem Schiff übernimmt, das zum Sklavenhandel bestimmt ist oder das zu diesem Zwecke gebraucht wird, ferner wer wissentlich in diesem Dienste bleibt, obwohl er vom Zweck oder Betrieb des Schiffes Kenntnis hat, wird mit Gefängnis nicht unter 6 Monaten bestraft.

4. Wer unmittelbar oder mittelbar zur Fracht eines Schiffes beigetragen hat, obwohl er weiß, daß es zum Sklavenhandel gebraucht wird, ist mit Gefängnis nicht unter 6 Monaten zu bestrafen.

5. Wer von einem zum anderen Orte Sklaven transportiert, ohne Absicht zum Sklavenhandel, aber auch ohne Absicht, den Transport zum Zwecke der Befreiung zu betreiben, wird mit Gefängnis bestraft.

6. Mit derselben Strafe werden der Eigentümer und der Schiffskapitän bestraft, wenn sie wußten, daß mit dem Schiff ein Transport von Sklaven erfolgte.

Artikel 324

Kindesentführung

Wer einen Minderjährigen seinen Eltern, Vormündern oder jedem, der zu seiner Fürsorge ein Recht hat, entführt, oder wer die freiwillige Flucht des Minderjährigen aus der Gewalt der obenerwähnten Personen unterstützt, wird mit Gefängnis bis zu 3 Jahren bestraft. Hat der Täter die Tat aus Gewinnsucht oder deswegen ausgeführt, um den Minderjährigen zu unzüchtigen Beschäftigungen zu mißbrauchen, so wird mit Zuchthaus bis zu 10 Jahren bestraft.

Artikel 325

Freiheitsberaubung

Wer vorsätzlich einen anderen wider seinen Willen einsperrt oder sonst der Bewegungsfreiheit beraubt, wird mit Gefängnis und, wenn die Beraubung längere Zeit gedauert hat, mit Gefängnis nicht unter 2 Jahren bestraft.

Artikel 326

Festhalten entgegen den Verfassungsvorschriften

Wer die in Art. 5 der Verfassung enthaltenen Vorschriften zum Schutze der persönlichen Freiheit verletzt, wird mit Gefängnis bestraft.

Artikel 327

Frauenraub wider Willen

1. Wer eine Frau in der Absicht, sie zur Ehe oder zur Unzucht zu bringen, wider ihren Willen entführt, ferner wer eine bewußtlose, geisteskranke oder wegen Geistesschwäche oder aus einem anderen Grunde zum Widerstand unfähige Frau entführt oder ihrer Freiheit beraubt

(Art. 325), wird, wenn die Tat in der Absicht, sie zur Ehe zu bringen, ausgeführt ist, mit Gefängnis und, wenn die Tat zum Zwecke der Unzucht begangen ist, mit Zuchthaus bestraft.

2. Die Strafverfolgung tritt nur auf Antrag ein.

Artikel 328

Freiwilliger Frauenraub

Wer eine unverheiratete und minderjährige Frau in der Absicht, sie zur Ehe oder zur Unzucht zu bringen, mit deren Willen, aber ohne die Zustimmung der Personen, unter deren Gewalt sie steht oder denen nach dem Gesetz die Fürsorge für ihre Person obliegt, entführt oder der Freiheit beraubt, wird mit Gefängnis bis zu 3 Jahren bestraft, wenn die Tat in der Absicht, sie zur Ehe zu führen, ausgeführt ist, und mit Gefängnis, wenn die Tat in der Absicht begangen ist, sie zur Unzucht zu bringen.

Artikel 329

Allgemeine Vorschrift

Hat in den Fällen der Art. 327 und 328 der Täter die Entführte geheiratet, so wird die Tat nur verfolgt, wenn die Ehe für nichtig erklärt worden ist.

Artikel 330

Nötigung

Wer körperliche Gewalt oder Drohung mit einer solchen oder mit einer anderen rechtswidrigen Handlung und Unterlassung gebraucht, um einen anderen zu einer Handlung, Unterlassung oder Duldung zu nötigen, zu welcher keine Pflicht des Verletzten besteht, wird mit Gefängnis bis zu 2 Jahren bestraft, gleichviel, ob das angedrohte Übel den Bedrohten selbst oder einen seiner Angehörigen treffen sollte.

Artikel 331

Eigenmacht

Wer einen ihm zustehenden oder nach seiner Überzeugung für zustehend gehaltenen Anspruch eigenmächtig befriedigt, wird mit Gefängnis bis zu 6 Monaten oder mit Geldstrafe bestraft.

Artikel 332

Zwang zur Arbeitseinstellung

Wer mit Gewalt oder Drohung einen anderen zur Beteiligung an einer Verbindung, die die Massenarbeitseinstellung bezweckt, um Vereinbarungen des Arbeitsvertrages zu ändern, nötigt, oder wer jemanden, der aus einer solchen Verbindung austreten will, hindert, wird mit Gefängnis bis zu einem Jahre oder mit Geldstrafe bestraft.

Artikel 333

Bedrohung

Wer einen anderen mit Gewalt oder mit einer anderen gesetzwidrigen Handlung oder Unterlassung bedroht und ihn in Schrecken oder Unruhe versetzt, wird mit Gefängnis bis zu einem Jahre oder mit Geldstrafe bestraft.

Artikel 334
Hausfriedensbruch

1. Wer in eine Wohnung, einen Geschäftsraum oder in einen abgeschlossenen Raum, der sich im Privatbesitz befindet oder zum öffentlichen Dienst bestimmt ist, gesetzwidrig eindringt oder gegen den Willen des Berechtigten darin verweilt, wird mit Gefängnis bis zu einem Jahr oder mit Geldstrafe bestraft.

2. Die Verfolgung tritt nur auf Antrag des Berechtigten oder des Dienstvorstandes ein.

Artikel 335
Anreizung zur Auswanderung

Wer aus Gewinnsucht und vorsätzlich einen anderen zur Auswanderung aus dem Inlande überredet, wird mit Gefängnis bis zu 2 Jahren bestraft.

Kapitel T
Strafbare Handlungen wider die Sittlichkeit

Artikel 336
Notzucht

Wer eine Frau mit körperlicher Gewalt oder durch Drohung mit erheblicher und gegenwärtiger Gefahr zum außerehelichen Beischlaf nötigt, wird mit Zuchthaus bestraft.

Artikel 337
Nötigung zur Unzucht

Wer eine Person weiblichen oder männlichen Geschlechts mit körperlicher Gewalt oder durch Drohung mit erheblicher und gegenwärtiger Gefahr zur Duldung oder zur Vornahme einer anderen unzüchtigen Handlung nötigt, wird mit Zuchthaus bis zu 10 Jahren bestraft.

Artikel 338
Schändung

1. Wer eine Frau, die bewußtlos, geisteskrank oder wegen Geistesschwäche oder aus einem anderen Grunde zum Widerstande unfähig ist, zur Unzucht mißbraucht, wird mit Zuchthaus bis zu 10 Jahren bestraft.

2. Wer eine Person weiblichen oder männlichen Geschlechts, die sich in einem der oben bestimmten Zustände befindet, zu einer anderen unzüchtigen Handlung mißbraucht, wird mit Gefängnis nicht unter 6 Monaten bestraft.

Artikel 339
Verführung

Wer eine unzüchtige Handlung an einer Person, die jünger als 16 Jahre ist, ausführt oder sie zur Ausführung oder Duldung einer unzüchtigen Handlung verführt, wird mit Zuchthaus bis zu 10 Jahren bestraft.

Artikel 340

Allgemeine Vorschrift

Hat eine der in den Art. 336, 337, 338 und 339 bestimmten Taten den Tod des Verletzten zur Folge, so wird auf Zuchthaus nicht unter 10 Jahren oder auf lebenslängliches Zuchthaus erkannt.

Artikel 341

Durch List erlangter Beischlaf

Wer bei einer Frauensperson den Beischlaf dadurch erreicht, daß er einen Irrtum in ihr erregt oder benutzt, in welchen sie den Beischlaf für einen ehelichen hält, wird mit Gefängnis nicht unter 3 Monaten bestraft.

Artikel 342

Unzucht mit Minderjährigen

1. Mit Gefängnis nicht unter einem Jahre sind zu bestrafen:

a) Verschwägerte gerader Linie oder Adoptiveltern, die mit einem minderjährigen Abkömmling oder Adoptivkind,

b) Vormünder oder Pfleger oder Erzieher jeglicher Art, die mit dem ihrer Pflege anvertrauten Minderjährigen,

c) Lehrer oder Kindererzieher, die mit den ihnen zum Unterricht anvertrauten minderjährigen Schülern oder Zöglingen, oder Geistliche, die mit ihren Beichtkindern

Unzucht treiben.

2. Mit derselben Strafe sind zu bestrafen: Dienstboten und Hausbewohner, die mit einem Minderjährigen, der demselben Hausstand angehört, Unzucht treiben, sowie jeder, der mit einem Minderjährigen, der ihm zur Aufsicht oder auch vorläufigen Obhut anvertraut ist, Unzucht treibt.

Artikel 343

Unzucht unter Mißbrauch der Amtsstellung

Mit Gefängnis nicht unter 1 Jahr sind zu bestrafen:

a) ein öffentlicher Beamter, der unter Mißbrauch seiner Anstellung mit einer im Abhängigkeitsverhältnis stehenden Person Unzucht treibt;

b) Personen, die in Gefängnis- oder anderen Verwahrungsanstalten, in Erziehungs- oder Besserungsanstalten, in Anstalten für Kranke, Heil- und Pflegeanstalten jeder Art oder anderen Anstalten für Hilfsbedürftige angestellt oder sonst beschäftigt sind, wenn sie mit einer in die Anstalt eingelieferten oder anvertrauten Person Unzucht treiben.

Artikel 344

Antrag

In den Fällen der Art. 336, 337, 338, 341, sowie in den Fällen der Art. 339, 342 und 343 tritt, wenn der Verletzte eine weibliche Person ist, die Verfolgung nur auf Antrag ein. In den Fällen des Art. 341 wird, wenn der Schuldige die Verletzte heiratet, die Tat nach der Nichtigkeitserklärung der Ehe verfolgt.

Artikel 345

Blutschande

1. Der Beischlaf zwischen Blutsverwandten aufsteigender oder absteigender Linie wird bestraft, und zwar bei Verwandten aufsteigender

Linie mit Gefängnis nicht unter einem Jahre, bei Verwandten absteigender Linie mit Gefängnis bis zu 2 Jahren, und der Beischlaf zwischen vollbürtigen oder halbbürtigen Geschwistern mit Gefängnis bis zu 2 Jahren.

2. Verwandte absteigender Linie können von Strafe befreit werden, wenn sie zur Zeit der Tat das 17. Lebensjahr nicht vollendet haben.

Artikel 346

Unzucht zwischen Verwandten

1. Die Ausführung einer anderen unzüchtigen Handlung zwischen den in Art. 345 bestimmten Verwandten wird mit Gefängnis bis zu einem Jahre bestraft.

2. Die Vorschrift des Art. 345 Abs. 2 ist auch hier anzuwenden.

Artikel 347

Unzucht zwischen Männern

1. Die zwischen Männern verübte widernatürliche Unzucht, die durch Mißbrauch eines auf irgendeinen Dienst sich stützendes Abhängigkeitsverhältnis oder die von einem erwachsenen Manne durch Verführung eines anderen, der das 17. Lebensjahr nicht vollendet hat, oder die aus Gewinnsucht begangen worden ist, wird mit Gefängnis nicht unter 3 Monaten bestraft.

2. Ebenfalls wird bestraft, wer gewerbsmäßig Unzucht gem. Abs. 1 treibt.

Artikel 348

Erleichterung fremder Unzucht

1. Wer gewerbsmäßig in irgendeiner Weise der Unzucht zwischen anderen Vorschub leistet, wird mit Gefängnis bis zu einem Jahre bestraft.

2. Mit Gefängnis bis zu 3 Jahren und mit Geldstrafe wird bestraft, wer durch hinterlistige Kunstgriffe der Unzucht zwischen anderen Vorschub leistet, auch wenn er nicht gewerbsmäßig handelt.

Artikel 349

Kuppelei

1. Wer in der Absicht, fremder Unzucht zu dienen, minderjährige Personen zur Prostitution führt oder zur Verderbnis verleitet, oder wer in derselben Absicht die Prostitution oder Verderbnis von Minderjährigen erleichtert oder heimlich unterstützt, wird, soweit nicht nach einer anderen Vorschrift schwerer zu bestrafen ist, mit Gefängnis von 3 Monaten bis zu 3 Jahren und mit Geldstrafe bestraft.

2. Die Strafe wird auf Gefängnis nicht unter 6 Monaten und auf Geldstrafe erhöht, wenn die Tat unter den weiter unten bestimmten Umständen ausgeführt ist:

a) gegen eine Person, die jünger als 16 Jahre ist;
b) mit hinterlistigen Kunstgriffen;
c) von Verwandten oder Verschwägerten absteigender Linie, Pflegeeltern, Ehemann, Vormündern oder jedem anderen, dem die Erziehung, Lehre, Aufsicht oder vorläufige Obhut des Minderjährigen anvertraut ist.

3. Wer berufs- oder gewerbsmäßig weibliche Personen zur Prostitution führt, wird mit Gefängnis nicht unter einem Jahre und mit Geldstrafe bestraft.

Artikel 350
Zuhälterei

Ein Mann, der sich von einer Frau, die mit anderen gewerbsmäßig Unzucht treibt, unter Ausbeutung ihres unsittlichen Gewinns unterhalten läßt, wird mit Gefängnis von 3 Monaten bis zu 3 Jahren bestraft.

Artikel 351
Frauenhandel

1. Wer in der Absicht, fremder Unzucht Vorschub zu leisten:

a) eine minderjährige weibliche Person, sei es auch mit ihrer Einwilligung, zur Prostitution bringt oder verleitet;

b) mit Gewalt, List, Drohung, Zwang oder Abhängigkeitsmißbrauch oder jedem anderen Zwangsmittel eine minderjährige weibliche Person zur Prostitution bringt oder verleitet;

c) durch die oben erwähnten Mittel eine minderjährige weibliche Person gegen ihren Willen in einem Bordell festhält oder sie zwingt, Prostitution zu treiben, wird, soweit er nach anderen Vorschriften nicht schwerer zu bestrafen ist, mit Gefängnis von 6 Monaten bis zu 3 Jahren und mit Geldstrafe bestraft.

2. Das Höchstmaß der Gefängnisstrafe wird bis auf 5 Jahre erhöht, wenn die Tat von einer der in Art. 349 Abs. 2c erwähnten Personen begangen ist.

3. Diese Strafen sind auch aufzuerlegen, wenn die einzelnen Tatbestandshandlungen in verschiedenen Staaten erfolgten.

Artikel 352
Sicherungsmaßregeln

In den Fällen der Art. 347 Abs. 2, 348, 349, 350 und 351 sind die Vorschriften der Art. 72, 73 und 74 über das Arbeitshaus und die Aufenthaltsbeschränkungen anzuwenden.

Artikel 353
Öffentliches Ärgernis

Wer öffentlich eine unzüchtige Handlung vornimmt und durch diese ein öffentliches Ärgernis erregt, wird mit Gefängnis bis zu 2 Jahren bestraft. Wer in irgendeiner Weise das Schamgefühl eines anderen durch eine unzüchtige Handlung, die vor diesem ausgeführt wird, grob verletzt, wird mit Gefängnis bis zu 6 Monaten oder mit Geldstrafe bestraft.

Kapitel U

Strafbare Handlungen gegen die Ehe und die Familie

Artikel 354
Personenstandsfälschung

Wer in irgendeiner Weise den Personenstand eines anderen fälscht oder unterdrückt, insbesondere ein Kind unterschiebt, wird mit Gefängnis bestraft.

Artikel 355
Ehebetrug

Wer einen anderen durch Täuschung dazu bestimmt, eine nichtige oder anfechtbare Ehe zu schließen, wird, wenn die Ehe aus diesem Grunde rechtskräftig für nichtig erklärt ist, mit Gefängnis bestraft. Die Verfolgung tritt nur auf Antrag ein.

Artikel 356
Doppelehe

1. Wer eine Ehe schließt, obwohl er verheiratet ist und die Ehe, in der er sich befindet, nicht rechtskräftig aufgelöst oder für nichtig erklärt ist, ferner, wer mit dieser Person eine Ehe schließt, obwohl er weiß, daß die Ehe nicht aufgelöst oder für nichtig erklärt ist, wird mit Gefängnis bestraft.

2. Die Verjährungsfrist beginnt mit dem Tage, an welchem eine der Ehen aufgelöst oder für nichtig erklärt ist.

Artikel 357
Ehebruch

1. Der Ehebrecher oder die Ehebrecherin sowie ihre Mitschuldigen werden mit Gefängnis bis zu einem Jahre bestraft. Die Verfolgung tritt nur auf Antrag des Verletzten ein.

2. Wenn zur Zeit der Tat die häusliche Gemeinschaft aufgehoben ist, so kann das Gericht unter Berücksichtigung der besonderen Umstände der Tat von Strafe absehen.

3. Der Ehebruch bleibt straflos, wenn der verletzte Ehegatte diesen geduldet hat.

Artikel 358
Verletzung der Unterhaltspflicht

Wer sich böswillig einer vom Gesetz vorgesehenen und vom Gericht, sei es nur vorläufig, anerkannten Unterhaltspflicht derart entzieht, daß der Unterhaltsberechtigte in Not gerät oder die Hilfe eines anderen anzunehmen genötigt ist, wird mit Gefängnis bis zu 2 Jahren bestraft.

Artikel 359
Verlassen einer Geschwängerten

Wer eine Frau, die von ihm schwanger ist und wegen der Schwangerschaft oder der Geburt nicht für sich selbst sorgen kann, in einer Notlage oder anderen bedrängten Lage im Stiche läßt, wird mit Gefängnis bis zu einem Jahre bestraft. Die Verfolgung tritt nur auf Antrag ein.

Artikel 360
Verletzung der Erziehungspflicht

1. Wer, obwohl ihm die Fürsorgepflicht für einen Minderjährigen unter 17 Jahren obliegt, es unterläßt, diesen an der Verübung einer strafbaren Handlung zu hindern oder ihn von der Prostitution abzuhalten, wird, soweit er nicht nach einer anderen Vorschrift schwerer zu bestrafen ist, mit Gefängnis bis zu einem Jahre bestraft.

2. Wer sich aus Fahrlässigkeit der in Abs. 1 bestimmten Unterlassung schuldig macht, wird mit Gefängnis bis zu 3 Monaten bestraft.

3. Die in Abs. 1 vorgesehene Strafe wird bis auf 2 Jahre und die in Abs. 2 vorgesehene Strafe auf Gefängnis bis zu 6 Monaten erhöht, wenn sich Eltern, Vormünder oder Pfleger, deren besonderer Obhut nach Art. 122 der Jugendliche unterstellt ist, dieser Unterlassung schuldig gemacht haben.

4. Ist die vom Jugendichen begangene Tat eine Übertretung, so kann das Gericht von Strafe wegen der in den Abs. 1—3 angeführten Unterlassungen absehen.

Kapitel V

Strafbare Handlungen gegen die Ehre

Artikel 361

Beleidigung

1. Wer, außer den Fällen der Art. 362 und 363, die Ehre eines anderen durch Wort oder Tat oder in irgendeiner Weise verletzt, wird mit Gefängnis bis zu einem Jahr oder mit Geldstrafe bestraft. Die Geldstrafe kann auch zusammen mit Gefängnis auferlegt werden.

2. Wenn die Ehrverletzung nach den besonderen Umständen der Tat und der Person des Verletzten nicht besonders schwer ist, so wird der Schuldige mit einer für die Übertretungen vorgesehenen Strafen bestraft.

3. Die Vorschrift des Art. 308 Abs. 3 ist auch hier entsprechend anzuwenden.

Artikel 362

Üble Nachrede

Wer in irgendeiner Weise vor einem Dritten über einen anderen eine Tatsache, die dessen Ehre oder Ansehen verletzen kann, behauptet oder verbreitet, wird mit Gefängnis bis zu 2 Jahren oder mit Geldstrafe bestraft. Die Geldstrafe kann zusammen mit Gefängnis auferlegt werden.

Artikel 363

Verleumdung

Wenn im Falle des Art. 362 die Tatsache unwahr ist und der Täter die Unwahrheit kannte, so wird er mit Gefängnis nicht unter 3 Monaten bestraft. Es kann aber auch auf Geldstrafe zusammen mit Gefängnis und auf Verlust der in Art. 63 bestimmten bürgerlichen Ehrenrechte erkannt werden.

Artikel 364

Üble Nachrede über eine Aktiengesellschaft

1. Wer in irgendeiner Weise vor einem Dritten über eine Aktiengesellschaft eine bestimmte Tatsache in bezug auf das Unternehmen, die wirtschaftliche Lage oder allgemein über ihren Arbeitskreis oder die Personen der Verwalter oder Direktoren behauptet oder verbreitet, welche das Vertrauen der Allgemeinheit zu der Gesellschaft erschüttern oder deren Unternehmen schädigen kann, wird mit Gefängnis bis zu einem Jahre oder mit Geldstrafe bestraft.

2. Wenn der Beschuldigte die Wahrheit der behaupteten oder verbreiteten Tatsache beweist, so wird von jeder Strafe befreit.

3. Wenn die behauptete oder verbreitete Tatsache unwahr ist und der Täter dies wußte, so ist er mit Gefängnis zu bestrafen.

Artikel 365

Üble Nachrede über einen Verstorbenen

Wer das Andenken eines Verstorbenen durch grobe oder böswillige Beleidigung oder durch Verleumdung (Art. 363) verletzt, wird mit Gefängnis bis zu 6 Monaten bestraft.

Artikel 366

Allgemeine Vorschriften

1. Wenn die im Art. 362 erwähnte Tatsache wahr ist, so bleibt die Tat straflos. Der Wahrheitsbeweis der Tatsache ist jedoch verboten, wenn diese ausschließlich Verhältnisse des Familien- oder Privatlebens betrifft, die das öffentiche Interesse nicht berühren und die Behauptung oder Verbreitung böswillig erfolgte.

2. Ist in den Fällen der Art. 362, 363, 364 und 365 die behauptete oder verbreitete Tatsache eine strafbare Handlung, die gerichtlich verfolgt wurde, so wird der Prozeß wegen Verleumdung bis zur Beendigung der Strafverfolgung ausgesetzt; bei rechtskräftiger Verurteilung wird sodann der Wahrheitsbeweis als erbracht und bei rechtskräftiger Freisprechung, weil die Tatausführung vom Verleumder nicht bewiesen ist, die Unwahrheit als erwiesen angesehen.

3. Der Wahrheitsbeweis der verleumderischen Tatsache schließt die Bestrafung wegen Beleidigung nicht aus, wenn aus der Art der Äußerung oder aus den Umständen, unter denen sie ausgeführt ist, eine Beleidigungsabsicht hervorgeht.

Artikel 367

1. Als strafbare Handlungen können nicht angesehen werden: tadelnde Urteile über wissenschaftliche, künstlerische oder gewerbliche Leistungen, oder tadelnde Äußerungen in einem behördlichen Schreiben innerhalb des behördlichen Wirkungskreises sowie Erklärungen, die bei der Ausübung gesetzlicher Pflichten, gesetzlicher Gewalt oder zur Wahrnehmung eines Rechts oder berechtigten Interesses oder in ähnlichen Fällen erfolgen.

2. Diese Vorschrift wird nicht angewendet, wenn die obenerwähnten Urteile, Äußerungen und Erklärungen den Tatbestand der in Art. 363 bezeichneten Straftat bilden, ferner wenn aus der Form der Äußerung oder aus den Umständen, unter welchen sie stattgefunden hat, eine Beleidigungsabsicht hervorgeht.

Artikel 368

Antrag

1. In den Fällen der Art. 361, 362, 363, 364 und 365 tritt die Strafverfolgung nur auf Antrag ein.

2. Im Falle des Art. 365 steht das Antragsrecht dem überlebenden Ehegatten und den Kindern des Verstorbenen und, wenn solche nicht

vorhanden sind, den Eltern und Geschwistern zu. Im Falle des Art. 364 steht das Antragsrecht dem Verwaltungsrat und jedem, der ein wichtiges rechtliches Interesse hat, zu.

3. Ist der Verletzte ein öffentlicher Beamter und hat die Tat gegen ihn während der Dienstausübung oder aus Gründen, die sich auf die Dienstausübung beziehen, stattgefunden, so steht seiner vorgesetzten Behörde oder dem zuständigen Minister ein Antragsrecht zu.

Artikel 369
Urteilsbekanntmachung

1. Die Vorschrift des Art. 229 Abs. 3 ist auch in den Fällen der Art. 361, 362, 363, 364 und 365 auf den Antragsteller anzuwenden. Die Frist für die Bekanntmachung des Urteils beginnt mit dessen Zustellung. Wenn die Tat durch die Presse begangen ist, so muß diese Bekanntmachung durch Veröffentlichung mindestens des verfügenden und begründenden Teils des Urteils in der Zeitung erfolgen.

2. Der Herausgeber der Zeitung oder der Zeitschrift, in welcher die Bekanntmachung erfolgen soll, muß das ganze Urteil innerhalb von 3 Tagen seit der Zustellung in demselben Teil und in der gleichen Schrift, in der die Beleidigung erfolgte, veröffentlichen, widrigenfalls wird er mit Gefängnis bis zu einem Jahr oder mit Geldstrafe bestraft.

Kapitel W
Verletzung von Geheimnissen

Artikel 370
Verletzung des Briefgeheimnisses

1. Wer unbefugt einen verschlossenen Brief oder eine andere verschlossene Schrift öffnet, um Kenntnis von ihrem Inhalte zu nehmen, oder in einen verschlossenen Raum, in dem sie aufbewahrt sind, eintritt oder in irgendeiner Weise in fremde Geheimnisse durch Lesen, Nachschreiben oder sonst durch Abdruck eines Briefes oder anderen Schriftstücks eindringt, wird mit Geldstrafe oder mit Gefängnis bis zu einem Jahr bestraft.

2. Die Strafverfolgung tritt nur auf Antrag ein.

Artikel 371
Verletzung von Privatgeheimnissen

1. Geistliche, Rechtsanwälte, Rechtsbeistände jeder Art, Notare, Ärzte, Hebammen, Krankenpfleger, Apotheker und andere, denen auf Grund ihres Berufs oder ihrer Eigenschaft Privatgeheimnisse anvertraut werden, sowie auch die Gehilfen dieser Personen werden mit Geldstrafe oder mit Gefängnis bis zu einem Jahre bestraft, wenn sie Privatgeheimnisse, die ihnen anvertraut oder auf Grund ihres Berufes oder ihrer Eigenschaft zur Kenntnis gekommen sind, offenbaren.

2. Ebenso wird bestraft, wer nach dem Tode einer der in Abs. 1 erwähnten Personen infolge des Todesfalles in den Besitz von Schriftstücken oder Notizen, die sich auf den Beruf oder die Eigenschaft beziehen, gekommen ist und aus diesen Privatgeheimnisse offenbart.

3. Die Strafverfolgung tritt nur auf Antrag ein.

4. Die Tat ist nicht rechtswidrig und bleibt straflos, wenn der Täter zur Pflichterfüllung oder zur Wahrnehmung berechtigter und wichtiger rechtlicher öffentlicher, eigener oder fremder Interessen gehandelt hat, die auf andere Weise nicht wahrgenommen werden konnten.

Kapitel X

Strafbare Handlungen gegen das Eigentum

Artikel 372

Diebstahl

1. Wer aus dem Besitz eines anderen eine ganz oder teilweise fremde bewegliche Sache in der Absicht wegnimmt, sich dieselbe rechtswidrig zuzueignen, wird mit Gefängnis nicht unter 3 Monaten und, wenn der Gegenstand des Diebstahls einen besonders großen Wert hat, mit Gefängnis nicht unter 2 Jahren bestraft.

2. Als bewegliche Sache wird nach diesem Gesetzbuch auch die elektrische Kraft, die Dampfkraft und jede andere Kraft (Energie) angesehen.

3. Die Vorschrift des Art. 72 über das Arbeitshaus ist hier anzuwenden.

Artikel 373

Als eines Diebstahls schuldig wird auch bestraft, wer in der Absicht, sich oder einen Dritten unrechtmäßig zu bereichern, durch Grabschändung einen Toten plündert.

Artikel 374

Schwere Fälle des Diebstahls

Der Diebstahl wird mit Zuchthaus bis zu 10 Jahren bestraft:

a) wenn eine Sache, die dem Gottesdienst gewidmet ist, aus einem zum Gottesdienste bestimmten Gebäude gestohlen wird;

b) wenn die gestohlene Sache von hohem wissenschaftlichen, künstlerischen oder historischen Wert ist und sich in einer allgemein zugänglichen Sammlung, in einem öffentlichen Gebäude oder an einem anderen öffentlichen Orte befindet;

c) wenn der Diebstahl an Sachen verübt wird, die durch irgendein dem öffentlichen Verkehre dienendes Beförderungsmittel transportiert werden oder die sich in Räumen befinden, in welchen das den öffentlichen Verkehr dienende Unternehmen die Transportsachen aufbewahrt, oder die ein Fahrgast bei sich trägt;

d) wenn zu dem Diebstahl mehrere mitwirken, die ein Komplott zur Begehung von Diebstählen und Räubereien bilden;

e) wenn die Tat von jemandem verübt ist, der berufs- oder gewohnheitsmäßig Diebstähle oder Räubereien begeht;

f) wenn die Umstände der Tat darauf schließen lassen, daß der Täter besonders gefährlich ist.

Artikel 375

Unterschlagung

1. Wer eine ganz oder teilweise fremde Sache, die in irgendeiner Weise in seinen Gewahrsam gekommen ist, sich rechtswidrig zueignet,

wird mit Gefängnis bis zu 2 Jahren und, wenn der Gegenstand der Unterschlagung einen besonders hohen Wert hat, mit Gefängnis nicht unter einem Jahre bestraft.

2. Wenn die Tat einen Vertrauensbruch darstellt, insbesondere wenn es sich um einen Gegenstand handelt, der dem Täter aus Not oder wegen seiner Eigenschaft als Vormund oder Geschäftsführer eines fremden Vermögens anvertraut ist, so wird mit Zuchthaus bis zu 10 Jahren bestraft.

3. Der fremden Sache wird auch gleichgestellt das Entgelt für die dem Täter zum Verkauf anvertrauten Sache sowie die vom Täter mit dem Gelde oder mit einer anderen Sache, die ihm zum Kauf oder Tausch anvertraut ist, angeschaffte Sache.

Artikel 376

Fundunterschlagung

Wer eine verlorene Sache findet und innerhalb 14 Tagen den Fund nicht der Behörde, der Öffentlichkeit oder dem Berechtigten anmeldet, wird mit Geldstrafe bestraft. Wenn die Sache einen unbedeutenden Wert hat, so kann das Gericht die Tat für straflos erklären.

Artikel 377

Diebstähle und Unterschlagungen

1. Wenn der Diebstahl oder die Unterschlagung eine Sache von geringem Wert zum Gegenstand hat, so wird die Tat mit Geldstrafe oder mit Gefängnis bis zu 3 Monaten bestraft. Ist die Tat aus Not zum unmittelbaren Gebrauch oder Verbrauch der gestohlenen oder unterschlagenen Sachen begangen, so kann das Gericht die Tat für straflos erklären.

2. Die Strafverfolgung tritt in diesen Fällen nur auf Antrag ein.

Artikel 378

Haus- und Familiendiebstahl und -Unterschlagung

Ein Diebstahl oder eine Unterschlagung, die begangen sind:

a) gegen Verwandte oder Verschwägerte gerader Linie, Pflegeeltern und Pflegekinder, Ehegatten und Verlobte, Geschwister und dessen Ehegatten und Verlobten;

b) vom überlebenden Ehegatten an dem Nachlaß des Verstorbenen; gegen den Vormund oder den Pfleger des Täters sowie gegen eine Person, zu welcher der Täter oder der Teilnehmer sich in einem Abhängigkeitsverhältnis befindet oder deren Hausstand er angehört,

werden nur auf Antrag verfolgt.

Artikel 379

Rückgabe zugeeigneter Sachen

Die Strafbarkeit des Diebstahls oder der Unterschlagung erlischt, wenn der Täter aus freien Stücken und bevor er von der Behörde über seine Tat vernommen ist, die Sache zurückgibt oder den Verletzten entschädigt, ohne einen Dritten zu schädigen. Die teilweise Rückgabe oder Entschädigung hebt die Strafbarkeit nur für diesen Teil auf.

Artikel 380

Raub

1. Wer mit körperlicher Gewalt gegen eine Person oder durch Drohung mit gegenwärtiger Gefahr für Leib oder Leben einem anderen eine ganz oder teilweise fremde bewegliche Sache wegnimmt oder abnötigt, in der Absicht, sich dieselbe rechtswidrig zuzueignen, wird mit Zuchthaus bestraft.

2. Hat die Tat den Tod einer Person oder eine schwere Körperverletzung (Art. 310) zur Folge, oder ist die Tat mit besonderer Grausamkeit gegen die Person ausgeführt, so wird auf Todes- oder lebenslängliche Zuchthausstrafe erkannt.

3. Dieselben Strafen (Abs. 1 und 2) sind demjenigen aufzuerlegen, der, bei einem Diebstahl auf frischer Tat betroffen, gegen eine Person körperliche Gewalt verübt oder Drohungen mit gegenwärtiger Gefahr für Leib oder Leben anwendet, um sich das gestohlene Gut zu erhalten.

Artikel 381

Sachbeschädigung

Wer vorsätzlich eine ganz oder teilweise fremde Sache zerstört oder beschädigt oder sonst ihren Gebrauch unmöglich macht, wird mit Gefängnis bis zu 2 Jahren bestraft.

Artikel 382

Schwere Fälle der Sachbeschädigung

Wenn der Gegenstand der in Art. 381 bestimmten Straftat:

a) eine Sache ist, die zum öffentlichen Nutzen dient oder

b) ein besonders hohen Wert hat oder

c) wenn die Sachbeschädigung durch Feuer oder durch eines der in Art. 270 erwähnten Mittel verübt ist, so wird auf Gefängnis nicht unter 3 Monaten erkannt.

Artikel 383

Allgemeine Vorschriften

In den Fällen der Art. 381 und 382b tritt die Strafverfolgung nur auf Antrag ein.

Artikel 384

In den Fällen der Art. 381 und 382b erlischt die Strafbarkeit der Tat, wenn der Täter aus freien Stücken und bevor er von der Behörde über die Tat vernommen ist, die beschädigte Sache wiederherstellt oder den Verletzten völlig entschädigt, ohne einen Dritten zu schädigen. Die teilweise Wiederherstellung oder Entschädigung hebt die Strafbarkeit nur für diesen Teil auf.

Kapitel Y

Strafbare Handlungen gegen Vermögensrechte

Artikel 385

Erpressung

1. Wer, außer den Fällen des Art. 380, in der Absicht, sich oder einen anderen unrechtmäßig zu bereichern, jemanden mit Gewalt oder durch Drohung zu einer Handlung, Duldung oder Unterlassung nötigt,

die für das Vermögen des Genötigten oder eines Dritten nachteilig ist, wird bestraft:

a) nach den Vorschriften des Art. 380 Abs. 1 und 2, wenn die Tat mit körperlicher Gewalt gegen die Person oder durch gegenwärtige Gefahr für Leib oder Leben ausgeführt ist, und
b) in jedem anderen Falle mit Gefängnis nicht unter 3 Monaten.

2. Die Vorschriften des Art. 72 über das Arbeitshaus sind auch hier anzuwenden.

Artikel 386

Betrug

1. Wer, in der Absicht, sich oder einem anderen einen rechtswidrigen Vermögenvorteil zu beschaffen, das Vermögen eines anderen dadurch beschädigt, daß er wissentlich durch Vorspiegelung falscher oder durch Entstellung oder Unterdrückung wahrer Tatsachen einen anderen zur Handlung, Duldung oder Unterlassung bestimmt, wird mit Gefängnis nicht unter 3 Monaten und, wenn der verursachte Schaden besonders groß ist, mit Gefängnis nicht unter 2 Jahren bestraft.

2. Die Vorschriften des Art. 72 über das Arbeitshaus sind auch hier anzuwenden.

Artikel 387

Betrug von geringem Wert

Wenn der durch den Betrug verursachte Schaden gering ist, so sind die Vorschriften des Art. 377 Abs. 1 und 2 entsprechend anzuwenden.

Artikel 388

Versicherungsbetrug

1. Wer, in der Absicht, für sich oder einen anderen eine Versicherungssumme, mit der eine bewegliche oder unbewegliche Sache versichert ist, einzuziehen, die Gefahr hervorbringt, gegen welche die Versicherung abgeschlossen ist, wird mit Gefängnis nicht unter 3 Monaten bestraft.

2. Mit derselben Strafe ist zu bestrafen, wer in der obenerwähnten Absicht sich selbst Körperverletzungen zufügt oder die Folgen einer durch Unfall erlittenen Körperverletzung erhöht.

Artikel 389

Betrügerisch zugefügter Schaden

1. Wer vorsätzlich und rechtswidrig einem fremden Vermögen Schaden zufügt, indem er durch Vorspiegelung falscher oder durch Entstellung oder Unterdrückung wahrer Tatsachen jemanden zu einer Handlung, Duldung oder Unterlassung bestimmt, wird mit Gefängnis bis zu 2 Jahren oder mit Geldstrafe bestraft.

2. Die Strafverfolgung tritt nur auf Antrag ein.

Artikel 390

Untreue

Wer vorsätzlich das Vermögen eines anderen, dessen Obsorge oder Verwaltung ihm kraft Gesetzes oder Rechtsgeschäftes im ganzen oder zum Teil oder für eine bestimmte Handlung obliegt, beschädigt, wird mit Gefängnis bestraft.

Artikel 391

Erschleichung freien Zutritts

1. Wer, außer den Fällen des Betrugs, vorsätzlich den Zutritt zu einer Veranstaltung oder Ausstellung oder sonstigen Einrichtung erschleicht, ohne das dafür festgesetzte Entgelt zu entrichten, oder ein öffentliches Verkehrsmittel oder eine dem Gemeingebrauch dienende Verkehrsanstalt gebraucht, ohne das dafür festgesetzte Entgelt zu entrichten, wird mit Geldstrafe oder mit Gefängnis bis zu 3 Monaten bestraft.

2. Die Strafverfolgung tritt nur auf Antrag ein.

Artikel 392

Erschleichung von Zuwendungen

1. Wer, in der Absicht, das dafür festgesetzte Entgelt nicht zu entrichten, zu unmittelbarem Verbrauch Lebensmittel oder Getränke nimmt oder Unterkommen oder Dienste annimmt, für welche das Entgelt nach der Verkehrssitte unmittelbar zu entrichten ist, wird mit Geldstrafe oder mit Gefängnis bis zu 3 Monaten bestraft.

2. Die Strafverfolgung tritt nur auf Antrag ein.

Artikel 393

Allgemeine Vorschriften

Die Vorschriften des Art. 378 Fall a) und c) sind auch auf die in den Art. 386 und 387 bestimmten Taten entsprechend anzuwenden, die Vorschriften des Art. 379 auch auf die in den Art. 386, 387, 389, 390, 391 und 392 bestimmten Taten.

Artikel 394

Hehlerei

1. Wer eine Sache, die ein anderer durch eine strafbare Handlung erlangt hat, vorsätzlich verheimlicht, ankauft, zum Pfande nimmt oder sonst an sich bringt, absetzt, zum Absatz einer solchen Sache mitwirkt oder sonst die Verwahrung bei einem anderen versichert, wird mit Gefängnis bestraft, gleichgültig, ob der Täter, von dem die Sache herkommt, strafbar ist oder nicht.

2. Der durch eine strafbare Handlung erlangten Sache sind gleichgestellt deren Erlös, sowie die mit diesem angeschafften Gegenstände.

3. Die Vorschrift des Art. 72 über das Arbeitshaus ist hier anzuwenden.

4. Wenn der Täter solche Handlungen berufs- oder gewohnheitsmäßig betreibt oder aus Gewinnsucht gehandelt hat, oder wenn es sich um eine Sache von besonders hohem Werte handelt, wird auf Gefängnis nicht unter 6 Monaten erkannt.

Artikel 395

In den Fällen der Abs. 1 und 2 des vorstehenden Artikels sind die Vorschriften des Art. 379 entsprechend anzuwenden.

Artikel 396

Abhalten vom Bieten

Wer bei einer öffentlichen Versteigerung mit Gewalt oder durch Drohungen das freie Gebot behindert oder durch Gaben oder Versprechungen den Bietenden oder den zum Gebote Bereiten fernhält, wird mit Gefängnis bestraft.

Artikel 397
Hintergehung der Gläubiger

1. Ein Schuldner, der vorsätzlich die volle oder teilweise Befriedigung seines Gläubigers vereitelt, indem er irgendeinen Vermögensteil beschädigt, zerstört, entwertet, verheimlicht oder ohne gleichwertigen Erlös verkauft oder umtauscht oder Schulden und Rechtsgeschäfte vortäuscht, wird, soweit die Tat nicht nach einer anderen Vorschrift schwerer zu bestrafen ist, mit Gefängnis bis zu 2 Jahren oder mit Geldstrafe bestraft.

2. Ebenso wird bestraft, wer eine dieser Handlungen zugunsten des Schuldners vornimmt.

3. Die Strafverfolgung tritt nur auf Antrag ein.

Artikel 398
Bankerott

Mit Gefängnis nicht unter einem Jahre wird der Schuldner eines hinterlistigen Bankerotts nach den Bestimmungen des Handelsgesetzbuches, und mit Gefängnis bis zu 2 Jahren der Schuldige eines einfachen Bankerotts bestraft.

Artikel 399
Rechtsvereitelung

1. Wer vorsätzlich seine eigene Sache ganz oder zum Teil zerstört oder einem anderen wegnimmt und dadurch die Ausübung eines Rechtes auf Befriedigung aus der Sache oder eines Nießbrauchs-, Nutznießungs-, Gebrauchs- oder Zurückbehaltungsrechts vereitelt, wird mit Gefängnis bis zu 2 Jahren oder mit Geldstrafe bestraft.

2. Ebenso wird bestraft, wer eine dieser Handlungen für den Eigentümer vornimmt.

3. Die Strafverfolgung tritt nur auf Antrag ein.

Artikel 400
Unberechtigtes Fischen

1. Wer in Gewässern, in denen ein anderer ein Fischereirecht hat, ohne dessen Erlaubnis fischt, wird mit Geldstrafe oder mit Gefängnis bis zu 6 Monaten bestraft.

2. Wenn der Täter gewerbs- oder gewohnheitsmäßig unberechtigten Fischfang treibt, wird er mit Gefängnis bis zu 2 Jahren bestraft.

3. Die Strafverfolgung tritt nur auf Antrag ein.

Artikel 401
Fischfang an Meeresküsten

Ein Ausländer, der rechtswidrig in den Meeresküstengewässern des griechischen Staates fischt, wird mit Geldstrafe oder mit Gefängnis bis zu 6 Monaten bestraft.

Artikel 402
Allgemeine Vorschriften

In den Fällen der Art. 397, 399 und 400 sind die Vorschriften des Art. 379 entsprechend anzuwenden.

Artikel 403

Verleitung Minderjähriger zum Schuldenmachen

1. Wer aus Gewinnsucht den Leichtsinn oder die Unerfahrenheit eines Minderjährigen dazu ausbeutet, daß er sich selbst oder einem Dritten für ein Darlehen oder für eine andere, der Befriedigung eines Geldbedürfnisses dienende Leistung vom Minderjährigen etwas versprechen oder die Erfüllung einer solchen Verpflichtung sicherstellen läßt, wird mit Gefängnis bis zu einem Jahre bestraft.

2. Ebenso wird bestraft, wer eine von ihm erworbene Forderung der in Abs. 1 erwähnten Art weiterveräußert, verpfändet oder die Befriedigung der aus dieser Forderung erlangten Vermögensvorteile verfolgt.

3. Die Strafverfolgung tritt nur auf Antrag ein.

Artikel 404

Geldwucher

1. Wer die Zwangslage, den Leichtsinn, die Unerfahrenheit, die Geistesschwäche oder die seelische Erregung eines anderen dadurch ausbeutet, daß er sich selbst oder einem Dritten für ein Darlehen oder eine andere, der Befriedigung eines Geldbedürfnisses dienende Leistung, für die Stundung einer Geldforderung oder die Vermittlung einer solchen Stundung einen Vermögensvorteil versprechen oder gewähren läßt, der in auffälligem Mißverhältnis zu der Leistung steht, wird mit Gefängnis bis zu 2 Jahren und mit Geldstrafe bestraft.

2. Mit denselben Strafen ist zu bestrafen:

a) wer außer in den oben erwähnten Fällen bei einem Darlehen oder einer Stundung, einer Novation oder Diskontierung einer Geldforderung sich oder einem anderen einen Vermögensvorteil versprechen oder gewähren läßt, der den gesetzlichen Zinsfuß übersteigt;
b) wer eine von ihm erworbene Forderung der in Abs. 1 oder Abs. 2 Fall a) erwähnten Art weiterveräußert oder die Befriedigung der aus dieser Forderung entstehenden geldwucherischen Vorteile verfolgt.

3. Wenn der Täter berufs- oder gewerbsmäßig geldwucherische Handlungen der in Abs. 1 und 2 bestimmten Art betreibt, so wird auf Gefängnis nicht unter 6 Monaten und auf Geldstrafe erkannt.

4. Wenn die vorerwähnten Taten von juristischen Personen begangen werden, so sind deren Verwalter und Direktoren strafschuldig.

5. Die Strafverfolgung der in den Abs. 1 und 2 erwähnten Straftaten tritt nur auf Antrag ein.

6. Die Strafbarkeit der oben festgesetzten Straftaten wird aufgehoben, wenn der Täter aus freien Stücken und bevor er von der zuständigen Behörde wegen seiner Tat vernommen ist, den rechtswidrigen Zustand aufhebt und den Schuldner das übermäßig Erhaltene, gesetzlich verzinst vom Tage der Einnahme an, zurückgibt.

Artikel 405

Sachwucher

1. Wer bei anderen Rechtsgeschäften als der in Art. 404 Abs. 1 bestimmten Art und unter denselben dort erwähnten Voraussetzungen sich oder einen Dritten einen Vermögensvorteil versprechen oder ge-

währen läßt, der nach den besonderen Umständen in auffälligem Mißverhältnis zu der Leistung steht, wird, wenn er berufs- oder gewerbsmäßig Sachwucher treibt, mit Gefängnis nicht unter 3 Monaten und mit Geldstrafe bestraft.

2. Der Abs. 6 des Art. 404 findet hier Anwendung.

Artikel 406

Verführung zu Börsengeschäften

Wer aus Gewinnsucht die Unerfahrenheit oder die Geistesschwäche eines anderen dadurch ausbeutet, daß er ihn zu spekulativen Börsengeschäften verführt, die nicht in dessen Wirkungskreis fallen, in offenbarem Mißverhältnis zu seinem Vermögen stehen und seinen wirtschaftlichen Ruin herbeiführen oder beschleunigen können, wird mit Gefängnis bis zu 2 Jahren bestraft.

Kapitel Z

Betteln und Landstreicherei

Artikel 407

Betteln

Wer aus Arbeitsscheu oder Geldsucht oder aus Gewohnheit bettelt, wird mit Gefängnis bis zu 3 Monaten bestraft.

Artikel 408

Landstreicherei

Wer aus Arbeitsscheu oder aus Hang zu ungeordnetem Leben mittellos im Lande umherzieht oder sich fortgesetzt an einem Orte ohne feste Unterkunft umhertreibt, wird mit Gefängnis bis zu 3 Monaten bestraft.

Artikel 409

Nichtabhaltung von Betteln und Landstreicherei

Mit Gefängnis bis zu 6 Monaten oder mit Geldstrafe wird bestraft:

a) wer eine Person, die unter seiner Obhut, oder eine Person, die zu ihm in einem Abhängigkeitsverhältnis steht, zum Betteln verleitet oder vom Betteln abzuhalten unterläßt;

b) wer, in der Absicht, sich oder einem anderen Geld zu verschaffen, Personen unter 17 Jahren oder solche, die dieses Alter überschritten haben, aber körperlich oder geistig gebrechlich sind, einem anderen übergibt oder ausliefert, um mit ihnen wegen ihres jugendlichen Alters oder wegen ihrer körperlichen oder geistigen Krankheit oder Gebrechen das Mitleid oder die Neugierde der Öffentlichkeit zu erwecken.

Artikel 410

Die Vorschrift des Art. 72 über das Arbeitshaus wird auch in den Fällen der Art. 407—409 angewendet.

Kapitel AA
Übertretungen

I. Allgemeine Vorschriften

Artikel 411

Industrielle oder andere Direktoren oder Arbeitsführer der industriellen oder gewerblichen Wirtschaft, Bauunternehmer und Kaufleute sind wegen Übertretungen in bezug auf gebotene oder verbotene Handlungen, die in ihrem Arbeitskreis von ihren Vertretern oder Untergebenen ausgeführt sind, für schuldig zu erklären, wenn sie davon wissen und es verhindern können, oder wenn ihnen Fahrlässigkeit bei der Aufsicht vorgeworfen werden kann.

Artikel 412
Rückfällige oder gewohnheitsmäßige Schuldige bei Übertretungen

1. Wer, obwohl mehrmals, jedoch mindestens zweimal innerhalb von 2 Jahren für dieselbe oder eine ähnliche Übertretung bestraft, eine solche Übertretung erneut begeht, wird mit Haft bestraft, welche auf das Doppelte der vom Gesetz für die Tat vorgesehenen Haftstrafe zu erhöhen ist.

2. Dasselbe gilt, wenn, unabhängig von der Zeit der Bestrafung, aus dem Vergleich der neuen Übertretung mit den früher begangenen Übertretungen sich ergibt, daß der Täter gewohnheits- oder berufsmäßig Übertretungen begeht.

II. Die einzelnen Übertretungen.

Artikel 413
Unbefugte Annahme von Titeln und Honoraren von einer fremden Macht

Ein Grieche, der ohne die ausdrückliche Erlaubnis seiner Regierung von einer fremden Macht Gehalt, Honorar, Pension, Titel, Orden oder ein anderes Ehrenabzeichen annimmt, wird mit Haft bis zu 3 Monaten oder mit Geldstrafe oder mit beiden Strafen bestraft.

Artikel 414
Gesetzwidrige Gewerbeausführung

1. Wer ohne die Erlaubnis einer Behörde ein Gewerbe treibt, für dessen Ausübung eine Erlaubnis nach dem Gesetz erforderlich ist, wird mit Geldstrafe oder mit Haft bestraft.

2. Diese Vorschrift ist nicht anzuwenden:

a) wenn die nach dem Gesetz erforderliche Erlaubnis nur aus steuerlichen Gründen verlangt wird, und
b) in den Fällen, die vom Gesetz besonders geregelt sind.

Artikel 415
Unbefugter Namenswechsel

Wer ohne eine Erlaubnis der Behörde seinen Familiennamen wechselt oder einen anderen hinzufügt, wird mit Haft bestraft.

Artikel 416
Hervorrufung von Unruhe

Wer vorsätzlich bei einem anderen Unruhe hervorruft oder mit Notrufen, Notzeichen, falschen oder abergläubischen Mitteilungen oder Gerüchten die Behörde oder die Wehrmacht in Bewegung setzt, wird, wenn die Tat nicht nach einer anderen Vorschrift schwerer zu bestrafen ist, mit Haft oder mit Geldstrafe bestraft.

Artikel 417
Ruhestörung

Wer durch ungebührliches Geräusch bei der Berufsausübung oder bei einer anderen Betätigung oder durch Lärm, Streitigkeiten oder sonstige Handlungen die öffentliche Ruhe oder die Tätigkeit, die Belustigungen oder die Nachtruhe der Bewohner stört, wird mit Haft oder mit Geldstrafe bestraft.

Artikel 418
Übertretung der Polizeistunde

Wenn in Gastwirtschaften oder in anderen öffentlichen Vergnügungsorten nicht die festgesetzte Polizeistunde eingehalten wird. so sind sowohl der Wirt. der über die Polizeistunde hinaus Gäste duldet, als auch die Gäste. die trotz der Aufforderung des Wirtes oder eines Polizeibeamten. wegzugehen, in der Wirtschaft verweilen, mit Geldstrafe oder mit Haft zu bestrafen.

Artikel 419
Verletzung der Vorschriften über öffentliche Vorstellungen

Mit Geldstrafe oder mit Haft wird bestraft, wer ohne Erlaubnis der zuständigen Polizeibehörde Schauspiele Theater- oder andere öffentliche Vorstellungen veranstaltet, oder wer bei diesen Vorstellungen die behördlichen Vorschriften über Ort, Zeit und Art der Aufführung verletzt.

Artikel 420
Verletzung der Straßenvorschriften

Wer die zur Sicherheit, Ordnung, Bequemlichkeit, Reinlichkeit oder Ruhe der öffentlichen Straßen oder Plätze oder der dem Verkehr dienenden Gewässer erlassenen behördlichen Vorschriften, insbesondere die der Polizeibehörde, verletzt, wird mit Geldstrafe oder mit Haft bis zu 2 Monaten bestraft.

Artikel 421
Verletzung der Vorschriften über die Küsten

Mit Geldstrafe oder mit Haft bis zu 2 Monaten wird bestraft, wer die zur Sicherheit der Meeres-, See-, Flußufer oder -küsten sowie der an denselben vorhandenen Anpflanzungen und Anlagen erlassenen behördlichen Verordnungen, insbesondere der Polizeibehörde, verletzt.

Artikel 422
Unterlassene Verhütung von Giftunfällen

Wer, obwohl er weiß, daß durch den Gebrauch einer Sache eine Vergiftungsgefahr für einen Menschen oder ein Tier entstehen kann, es unterläßt, durch die ihm zur Verfügung stehenden Mittel die Gefahr zu verhüten, wird mit Haft bis zu 2 Monaten und mit Geldstrafe bestraft.

Artikel 423

Unbefugte Anfertigung und Überlassung von Giften

Mit Haft bis zu 2 Monaten oder mit Geldstrafe, soweit nicht eine andere Vorschrift schwerere Strafe vorsieht, wird bestraft:

a) wer ohne die vorgeschriebene Erlaubnis Gift zubereitet, verkauft oder sonst an andere überläßt; die Vorschrift des Art. 414 Abs. 2 Fall a) ist auch hier anzuwenden;

b) wer die Vorschriften der zuständigen Behörde, insbesondere der Polizeibehörde, über die Zubereitung, den Verkauf oder die sonstige Überlassung von Giften verletzt, oder wer bei diesen Handlungen sich eine Fahrlässigkeit zu Schulden kommen läßt, aus welcher Schaden für einen Menschen oder ein Tier entstehen kann.

Artikel 424

Aufbewahrung oder Beförderung von Giften

Mit den Strafen des Art. 423 ist, soweit nicht eine andere Vorschrift eine schwerere Strafe vorsieht, zu bestrafen:

a) wer auf irgendeine Weise ein Gift in seinem Besitz hat und es zur Verhütung von Verwechslung oder schädigenden Gebrauch nicht sorgfältig aufbewahrt;

b) wer bei der Aufbewahrung oder Beförderung von Giften die behördlichen Vorschriften, insbesondere die der Polizeibehörde, verletzt.

Artikel 425

Gesundheitsgefährdender Umgang

Wer an einer ansteckenden Krankheit leidet und mit einem anderen in solchen persönlichen Umgang kommt, daß dadurch der andere angesteckt werden kann, wird mit Haft bis zu 5 Monaten oder mit Geldstrafe bestraft.

Artikel 426

Verletzung von Bestattungsvorschriften

Wer die von der zuständigen Behörde zum Schutze der öffentlichen Gesundheit erlassenen Vorschriften über die öffentliche Leichenschau oder die Zeit, den Ort oder die Art der Bestattung verletzt, wird mit Haft bis zu 2 Monaten oder mit Geldstrafe bestraft.

Artikel 427

Verletzung der Reinlichkeitsvorschriften

Wer die von der zuständigen Behörde, insbesondere der Polizeibehörde, erlassenen Vorschriften über die nötige Reinlichkeit in Gewässern, die zum Gebrauch durch Menschen dienen oder nicht dienen, bei Lebensmittel, die feilgeboten oder zum Verkauf bestimmt sind, in Geschäften oder Geschäftsräumen, die zur Herstellung oder zum Verkauf von Lebensmitteln dienen, bei der Ausübung irgendeines Gewerbes, Handels, einer Industrie oder einer anderen Arbeit verletzt, ferner wer eine Handlung oder Unterlassung, durch welche die öffentliche Reinlichkeit in schädigender Weise beeinträchtigt wird, begeht, wird mit Geldstrafe oder mit Haft bis zu 2 Monaten bestraft, soweit die Tat nicht nach einer anderen Vorschrift schwerer zu bestrafen ist.

Artikel 428

Verunreinigung

Wer Unrat oder andere Gegenstände, die eine Belästigung eines anderen hervorrufen können, auf Menschen, gegen fremde Häuser, Gebäude oder fremde eingeschlossene Räume wirft, wird mit Geldstrafe oder mit Haft bestraft.

Artikel 429

Verletzung von Vorschriften über Lebensmittel

1. Mit Geldstrafe oder mit Haft bis zu 3 Monaten wird bestraft, wer die von der zuständigen Behörde, insbesondere der Polizeibehörde, erlassenen Vorschriften über die Pflicht, die Lebensmittel zur Nachschau oder Untersuchung zur Behörde zu bringen, über die Pflichten der Lebensmittelhändler zur Beschaffung oder Aufspeicherung von Lebensmitteln, über Ort, Zeit, rechtmäßiges Entgelt oder andere Einzelheiten des Verkaufs und des Handels mit oder der Verfügung über Lebensmittel verletzt.

2. Diese Vorschrift ist nicht anzuwenden, wenn die Verletzung in einer speziellen Vorschrift angeführt ist.

Artikel 430

Verletzung der Überschwemmungsverhütungsvorschriften

Mit Geldstrafe und mit Haft bis zu 2 Monaten wird bestraft, wer die zur Verhütung von Wasserschaden erlassenen Vorschriften der zuständigen Behörde, insbesondere der Polizeibehörde, verletzt.

Artikel 431

Verkehrsstörung

Wer unbefugt an Orten, die dem Gemeingebrauch dienen, den Straßen- oder Wasserverkehr behindert oder sonst stört oder die Sicherheit gefährdet, wird mit Geldstrafe oder mit Haft bis zu 2 Monaten bestraft, soweit nicht nach einer anderen Vorschrift schwerer zu bestrafen ist.

Artikel 432

Unbefugte Herstellung und Überlassung von Sprengstoffen

Mit Haft bis zu 3 Monaten und mit Geldstrafe wird, soweit nicht eine andere Vorschrift eine schwerere Strafe vorsieht, bestraft:

a) wer ohne die vorgeschriebene Erlaubnis Schießpulver oder ein anderes Explosivmittel oder Feuerwerksmittel oder einen ätzenden Stoff anfertigt, verkauft oder sonst an andere überläßt; die Vorschrift des Art. 414 Abs. 2 Fall a) ist auch hier anzuwenden;

b) wer die von der zuständigen Behörde, insbesondere der Polizeibehörde erlassenen Vorschriften über die Anfertigung, den Verkauf oder die Übergabe, Aufbewahrung, Beförderung oder Gebrauch eines solchen Gegenstands verletzt, oder wer bei diesen Handlungen sich eine Fahrlässigkeit zuschulden kommen läßt, aus welcher Schaden für einen Menschen oder eine fremde Sache entstehen kann.

Artikel 433
Verletzung von Feuerschutzvorschriften

Mit Haft bis zu 3 Monaten und mit Geldstrafe wird, soweit nicht eine andere Vorschrift eine schwerere Strafe vorsieht, bestraft:

a) wer leichtsinnig und unvorsichtig mit Feuer oder Beleuchtungsmitteln umgeht, so daß Schaden bei einem Menschen oder einer fremden Sache entstehen kann, und

b) wer die zur Verhütung von Feuergefahr von der zuständigen Behörde, insbesondere der Polizeibehörde, erlassenen Vorschriften übertritt.

Artikel 434
Verletzung von Bauvorschriften

Mit Haft oder mit Geldstrafe wird, soweit nicht eine andere Vorschrift eine schwerere Strafe vorsieht, bestraft:

a) wer die zur Sicherheit oder zur Hygiene der Gebäude oder zur allgemeinen Regelung des Bauens oder zur Verhütung einer Gefahr von der zuständigen Behörde, insbesondere der Polizeibehörde, erlassenen Vorschriften verletzt;

b) wer beim Bauen eine Unvorsichtigkeit begeht, aus welcher Schaden für einen Menschen oder eine fremde Sache entstehen kann;

c) wer sich einer der im Falle a) und b) bestimmten Taten in bezug auf die Ausführung eines ähnlichen Werkes oder beim Niederreißen schuldig gemacht hat.

Artikel 435
Gefahrverursachung durch Tiere

Wer ein wildes oder bösartiges Tier frei umherlaufen läßt, oder wer es unterläßt, die nötigen Vorsichtsmaßregeln zur Verhütung von Beschädigungen durch ein solches Tier zu treffen, oder wer ohne polizeiliche Erlaubnis ein gefährliches wildes Tier hält, oder wer Hunde auf Menschen hetzt, wird mit Gedstrafe oder mit Haft bis zu 2 Monaten bestraft.

Artikel 436
Gefahrverursachung durch Waffen

Mit Haft oder mit Geldstrafe wird, soweit nicht durch eine andere Vorschrift eine schwerere Strafe vorgesehen ist, bestraft, wer in bezug auf den Besitz, den Gebrauch oder die Abgabe von Waffen an einen anderen:

a) die von der zuständigen Behörde, insbesondere der Polizeibehörde, diesbezüglich erlassenen Vorschriften verletzt;

b) sich einer Unvorsichtigkeit schuldig gemacht hat, aus welcher Schaden für einen Menschen entstehen kann.

Artikel 437
Gefahrverursachung durch Steinwerfen

Wer Steine oder andere harte Körper, die Schaden bei einem Menschen oder bei fremdem Eigentum verursachen können, auf Menschen, gegen fremde Häuser, Gebäude, Einschließungen oder in Gärten oder eingeschlossene Räume, wo sich gewöhnlich Menschen aufhalten oder gehen, wirft, wird mit Geldstrafe oder mit Haft bestraft.

Artikel 438
Unterlassene Schutzvorrichtungen bei Brunnen usw.

Mit Geldstrafe oder mit Haft bis zu 2 Monaten wird bestraft, wer an Orten, wo Menschen zu verkehren pflegen:

a) Brunnen, Keller, Öffnungen oder Abhänge, natürliche oder künstliche Brunnen dergestalt unverdeckt, uneingezäunt oder sonst unverwahrt läßt, daß daraus Gefahr für andere entstehen kann;
b) ohne polizeiliche Erlaubnis Fußangeln, Selbstschüsse oder ähnliche Vorrichtungen legt, so daß daraus Gefahr für andere entstehen kann.

Artikel 439
Vernachlässigung der Beaufsichtigung von Geisteskranken

Wer die ihm obliegende Aufsicht über einen Geisteskranken vernachlässigt, so daß daraus Gefahr für andere entstehen kann, wird mit Geldstrafe oder mit Haft bestraft.

Artikel 440
Gefährliche Trunkenheit

Wer in einem Zustand schuldhafter Trunkenheit eine Gefahr für eine Person herbeiführt oder ernstlich die öffentliche Ordnung stört, wird mit Geldstrafe oder mit Haft bestraft. soweit die Tat nicht nach einer anderen Vorschrift schwerer zu bestrafen ist.

Artikel 441
Weigerung der Ärzte

Ärzte und Hebammen, die ohne begründetes Hindernis die Ausführung ihrer Dienste verweigern oder dadurch sich einer Fahrlässigkeit schuldig machen, so daß eine Gefahr für andere entstehen kann. sind mit Geldstrafe oder mit Haft bis zu 3 Monaten zu bestrafen, soweit die Tat nicht nach einer anderen Vorschrift eine schwerere Strafe nach sich zieht.

Artikel 442
Nichtanmeldung eines Leichenfundes

Wer nicht sofort der Behörde den Fund eines Leichnams anmeldet, wird mit Geldstrafe bestraft.

Artikel 443
Heimliche und vorzeitige Bestattung

Wer ohne die erforderliche behördliche Erlaubnis einen Leichnam beerdigt oder beiseite schafft oder seziert, ferner wer die zur Verhütung vorzeitiger Bestattung, Beiseiteschaffung oder Sektion von der Behörde erlassenen Vorschriften verletzt, wird mit Geldstrafe oder mit Haft bis zu 3 Monaten bestraft.

Artikel 444
Unterlassung der Fremdenanmeldung

Diejenigen, welche die Polizeiverordnungen über die Registrierung oder die behördliche Anmeldung der bei ihnen untergekommenen Fremden oder Wohnungsmieter verletzen, sind mit Geldstrafe oder mit Haft zu bestrafen, soweit die Tat nicht nach einer anderen Vorschrift schwerer zu bestrafen ist.

Artikel 445
Verletzung der Vorschriften über Angestellte

Wer die über Privatangestellte oder Diener erlassenen Polizeiverordnungen verletzt, wird mit Geldstrafe oder mit Haft bestraft.

Artikel 446
Unbefugte Anfertigung von Schlüsseln

Mit Geldstrafe oder mit Haft bis zu 2 Monaten sind zu bestrafen:

a) Schlosser oder andere Handwerker oder Händler, die ohne polizeiliche Erlaubnis irgend jemandem Nachschlüssel oder andere Instrumente zur Öffnung von Schlössern übergeben;

b) Schlosser und andere Handwerker:

  aa) die ohne Erlaubnis der Polizeibehörde und ohne Zustimmung des Hausbesitzers oder Besitzers einer anderen unbeweglichen oder beweglichen Sache oder dessen Vertreters Schlüssel von Türen, Räumen oder Behältern anfertigen;

  bb) die auf das Ersuchen von jemandem Schlösser irgendwelcher Art öffnen, ohne behördlichen Befehl oder ohne sich bestätigen zu lassen, daß derjenige, welcher das Öffnen verlangt, der Besitzer der zu öffnenden Sache oder dessen Vertreter ist.

Artikel 447
Übertretungen bezüglich Maße und Gewichte

Mit Geldstrafe oder mit Haft sind, soweit die Tat nicht nach einer anderen Vorschrift schwerer zu bestrafen ist, zu bestrafen:

a) Gewerbetreibende, bei denen Waagen, Maße und Gewichte aufgefunden werden, die zum Gebrauch in ihrem Gewerbe geeignet sind, aber nicht das vom Gesetz bestimmte Zeichen der Genauigkeit beim Wiegen oder Messen tragen, oder die tatsächlich verfälscht sind;

b) diejenigen, welche die von der zuständigen Behörde, insbesondere der Polizeibehörde, erlassenen Vorschriften über Waagen, Maße und Gewichte verletzen.

Artikel 448
Übertretung bei Tariffestsetzung

Wer, außer den Fällen des Art. 429 und außer jeder anderen speziellen gesetzlichen Vorschrift, die über Tariffestsetzungen erlassenen Vorschriften der zuständigen Behörde übertritt, wird mit Geldstrafe oder mit Haft bestraft.

Artikel 449
Anfertigung und Verkauf von nichtgezeichneten Sachen

Mit Geldstrafe wird bestraft, wer Artikel aus Gold oder Silber anfertigt oder verkauft, die nicht das vom Gesetz vorgeschriebene Zeichen tragen.

Artikel 450
Gefährdung des Geldverkehrs

Mit Geldstrafe wird bestraft:

a) wer Gegenstände, die den Gold- oder Silbermünzen, dem Papiergeld oder die diesem nach Art. 214 gleichgestellten Papiere gleichen oder zum Verwechseln ähnlich sind, anfertigt, verkauft oder sonst in Verkehr setzt;

b) wer Stempel, Formen, Abdrucke oder andere Gerätschaften anfertigt, die zur Anfertigung der im obigen Absatz bestimmten Gegenstände geeignet sind.

Artikel 451

Unbefugte Anfertigung von Geräten zur Geldherstellung

Mit Geldstrafe oder mit Haft bis zu 3 Monaten wird bestraft, wer ohne schriftliche Erlaubnis der zuständigen Behörde anfertigt, sich verschafft oder einem anderen als der Behörde oder dem nach dem Gesetz Berechtigten überläßt:

a) Stempel, Abdrucke, Formen oder andere Gerätschaften, die zur Anfertigung von Metall- oder Papiergeld oder von Papieren, die dem Papiergeld nach Art. 214 gleichgestellt sind, von amtlichen Wertzeichen (Art. 218), öffentlichen Urkunden oder Beglaubigungszeichen geeignet sind;

b) Abdrucke der oben erwähnten Formen oder Muster von öffentlichen Urkunden, Wert- oder Beglaubigungszeichen.

Artikel 452

Verweigerung der Geldannahme

Wer die Annahme von zwecks Zahlung gegebener Geldscheine, die nach dem Gesetz in Verkehr sind, verweigert, wird mit Geldstrafe bestraft.

Artikel 453

Unbefugte Anfertigung von Privatstempeln

Mit Geldstrafe sind diejenigen zu bestrafen, welche auf Bestellung von unbekannten oder kein Vertrauen erweckenden Personen und ohne weitere Sicherung gegen evtl. Mißbrauch Privatzeichen, Stempel oder Wechselformulare, welche bestimmte Firmen gebrauchen, anfertigen oder einem anderen übergeben.

Artikel 454

Übertretung von Vorschriften über Leihhäuser

Wer die von der zuständigen Behörde erlassenen Vorschriften über Leihhäuser verletzt, wird mit Geldstrafe oder mit Haft bis zu 3 Monaten oder mit beiden Strafen bestraft.

Artikel 455

Tötung eines Menschen

Wer die Tötung eines Menschen begangen hat, die nach den Vorschriften der Art. 22 und 25 straflos ist, und dies nicht alsbald der nächsten Behörde anmeldet, wird mit Geldstrafe oder mit Haft bestraft.

Artikel 456

Verringerung von Grundstücken

1. Wer vorsätzlich und unbefugt ein fremdes Grundstück, einen öffentlichen Weg oder einen Platz oder Grenzrain durch Abgraben,

Abpflügen oder auf ähnliche Weise verringert, wird mit Geldstrafe oder mit Haft bis zu 3 Monaten bestraft.

2. Die Strafverfolgung tritt auf Antrag ein, es sei denn, daß es sich um einen öffentlichen Platz oder öffentlichen Weg handelt.

Artikel 457

Übertretung nach Verlust eines Rechtes

Wer, obwohl er kraft eines Urteils wegen einer Straftat ein Recht dauernd oder zeitig verloren hat, dieses trotzdem ausübt, wird mit Geldstrafe oder mit Haft bis zu 3 Monaten bestraft, soweit nicht nach einer anderen Vorschrift schwerer zu bestrafen ist.

Kapitel BB

Schlußvorschriften — Übertretung von Verwaltungsordnungen

Artikel 458

Wer vorsätzlich eine gebietende oder verbietende Vorschrift von Verwaltungsgesetzen übertritt, wird mit Gefängnis bis zu 6 Monaten oder mit Geldstrafe oder mit beiden Strafen bestraft, wenn die spezielle Vorschrift hinsichtlich der Bestrafung diese Vorschrift erwähnt.

Artikel 459

Übertretung von Polizeivorschriften

Wer eine Polizeivorschrift, die es auf einen anderen Gegenstand oder auf einen anderen Zweck als den im vorstehenden Kapitel erwähnten absieht, übertritt, wird mit Geldstrafe oder mit Haft bestraft.

FSC
www.fsc.org
MIX
Papier | Fördert gute Waldnutzung
FSC® C083411

Kolibri 360 GmbH
Ferdinand-Jühlke-Straße 7
99095 Erfurt, Deutschland
produktsicherheit@kolibri360.de